DEIN COACH ZUM ERFOLG!

Dein ActiveBook auf My**STARK**:

Du kannst auf alle digitalen Inhalte (Prüfung 2022, Hördateien, interaktive Aufgaben, Videos, „MindCards") online zugreifen. Registriere dich dazu unter **www.stark-verlag.de/mystark** mit deinem **persönlichen Zugangscode:**

S4P2-S3Q7-R8S4

C09550-002317

Die Inhalte dieser Auflage stehen bis Schuljahresende zur Verfügung.

My**STARK**

Das Active**Book** *bietet dir:*

- MP3-Dateien der Hörtexte
- Lernvideos zum Umgang mit Textaufgaben
- Interaktive Aufgaben zu sprachlichen Grundlagen
- Web-App mit hilfreichen Wendungen

DEIN COACH ZUM ERFOLG!

So kannst du interaktiv lernen:

Interaktive Aufgaben

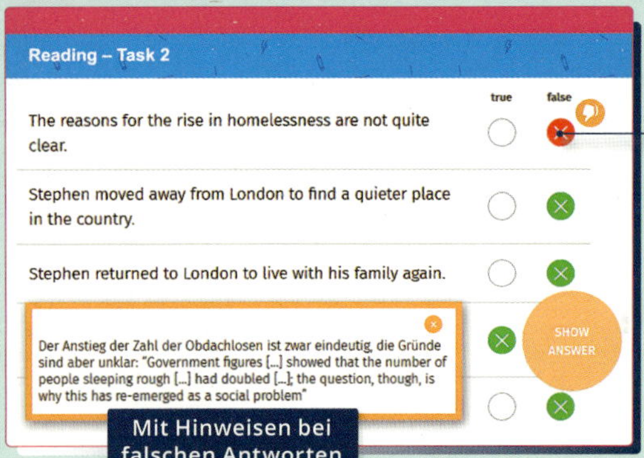

Sofortige Ergebnisauswertung

Mit Hinweisen bei falschen Antworten

Lernvideos

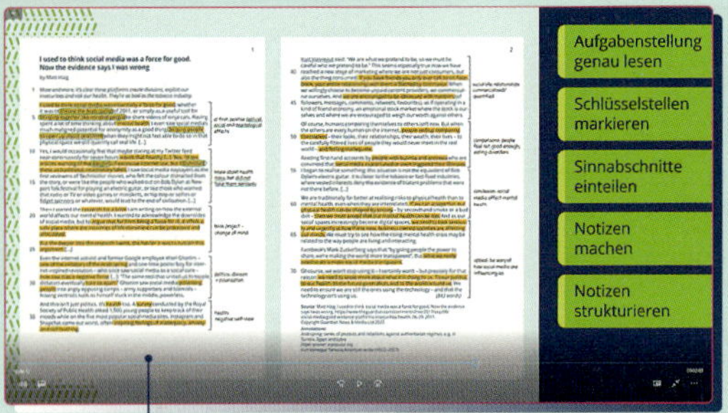

Step-by-Step Hinführung an typische Textaufgaben

Web-App „MindCards"

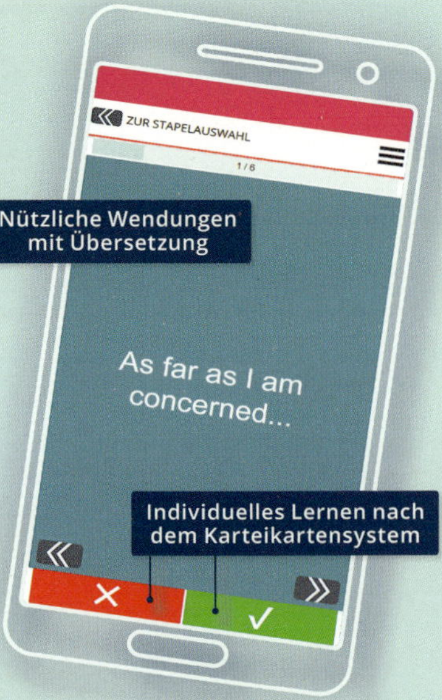

Nützliche Wendungen mit Übersetzung

Individuelles Lernen nach dem Karteikartensystem

Systemvoraussetzungen:
- Mindestens 1024×768 Pixel Bildschirmauflösung
- Chrome, Firefox oder ähnlicher Webbrowser
- Adobe Reader oder kompatibler anderer PDF-Reader
- Internetzugang

Speaking

Writing

2023

Abitur

Original-Prüfungsaufgaben
mit Lösungen

Gymnasium Bayern

Englisch

STARK

© 2022 Stark Verlag GmbH
13. ergänzte Auflage
www.stark-verlag.de

Inhaltsverzeichnis

Original-Prüfungsaufgaben

Sobald die Original-Prüfungsaufgaben 2022 freigegeben sind, können sie als PDF auf der Plattform MyStark heruntergeladen werden (Zugangscode vgl. Farbseiten vorne im Buch).

Audio-Dateien

Abitur 2017: *Alcatraz & Ancient Social Media*
Abitur 2018: *The Dangerous Sports Club (DSC) & The Bicycle*
Abitur 2019: *Huckleberry Finn & The Psychology of Money*
Abitur 2020: *John Muir & Gentrification*
Abitur 2021: *A Memorable Basketball Game & Monopoly*
Abitur 2022

Auch auf die Audio-Dateien können Sie über die Plattform MyStark zugreifen. Sie können auch zum Offline-Gebrauch heruntergeladen werden.

Sollten nach Erscheinen dieses Bandes noch wichtige Änderungen in der Abitur-Prüfung 2023 vom Kultusministerium bekannt gegeben werden, finden Sie aktuelle Informationen dazu ebenfalls auf der Plattform MyStark.

Autorinnen und Autoren
Übungsaufgaben Schreiben: Gertrude Weber
Lösungen Abitur: Johannes Schmidt-Wellenburg und Gertrude Weber

Vorwort

Liebe Schülerin, lieber Schüler,

mit diesem Band können Sie sich gezielt auf das schriftliche **Abitur** im Fach **Englisch** in Bayern vorbereiten.

- Mit den originalen Aufgaben der **Abiturprüfungen 2017–2022** (2022 online auf MyStark) können Sie den „Ernstfall" testen.
- Darüber hinaus finden Sie in diesem Buch **drei Trainingsaufgaben zum Schreiben**. Hier wird anhand von Aufgabenformen, wie sie für den Prüfungsteil *Composition* typisch sind, erklärt, wie Sie sich Schritt für Schritt einer guten Lösung nähern.
- Da sich die Vorgaben des Kultusministeriums ab dem Abitur 2020 geändert haben (z. B. Bewertung in Notenpunkten statt BE, meist zwei statt drei Fragen zum Text, drei statt vier *Composition*-Themen zur Auswahl), entsprechen die Originalaufgaben 2017 bis 2019 nicht eins zu eins dem, was Sie in Ihrer eigenen Prüfung erwartet. Dennoch können Sie alle Aufgaben zum Üben einsetzen.
- Zu jeder Aufgabe wurden von unseren Autorinnen und Autoren vollständig auf Englisch ausformulierte **Lösungen** verfasst. Die Bearbeitungshinweise vor den Musterlösungen helfen Ihnen beim richtigen Beantworten der Aufgaben. Beachten Sie, dass es sich hier selbstverständlich nur um beispielhafte Ausführungen handelt und dass Sie auch mit anderen Ideen und Formulierungen erfolgreich sein können.
- Im Kapitel „**Hinweise und Tipps zum Abitur**" zu Beginn des Buches sind alle wichtigen Fakten zum schriftlichen Abitur im Fach Englisch zusammengefasst. Außerdem finden Sie dort viele Tipps, die Ihnen helfen, Ihre Prüfung erfolgreich zu bestehen.

Viel Erfolg bei Ihrer Abiturprüfung!

Hinweise zu den digitalen Zusätzen

Auf alle digitalen Zusätze können Sie online über die Plattform **MyStark** zugreifen. Ihren persönlichen Zugangscode finden Sie auf den Farbseiten vorne im Buch.

PDF der Original-Prüfungsaufgaben 2022

Um Ihnen die Prüfung 2022 schnellstmöglich zur Verfügung stellen zu können, bringen wir sie in digitaler Form heraus.
Sobald die Original-Prüfungsaufgaben 2022 freigegeben sind, können sie als PDF auf der Plattform MyStark heruntergeladen werden.

Lernvideos

Textaufgaben sind Teil vieler Prüfungen und Klausuren – und machen oft einen Großteil der Prüfungsleistung aus. Mithilfe der **Lernvideos zum richtigen Umgang mit Textaufgaben** können Sie sich optimal auf die Anforderungen in diesem Bereich vorbereiten. Am Beispiel von zwei Texten mit je drei Aufgabenstellungen wird gezeigt, wie man an Textaufgaben herangeht und sie erfolgreich löst.

Hinweis: Die Aufgabenstellungen, die in den Lernvideos behandelt werden, richten sich nach typischen in den Bildungsstandards beschriebenen Operatoren. Selbstverständlich können die Anforderungen, die Ihnen im Abitur begegnen, im Einzelfall von den hier exemplarisch beschriebenen Herangehensweisen abweichen. Dennoch vermitteln Ihnen die Videos einen Eindruck von wichtigen „Basics" der Textarbeit.

Die Lernvideos beinhalten:

- **Schritt-für-Schritt-Anleitungen** zum richtigen Vorgehen anhand exemplarischer Aufgabenstellungen
- **Sachtext** und **literarischer Text** als Grundlage
- nützliche Hinweise zu **häufigen Operatoren** und **Zieltextsorten**

MP3-Dateien

Über die Plattform **MyStark** können Sie sich außerdem die Hörverstehenstexte der Original-Prüfungen anhören und zum Offline-Gebrauch herunterladen.

Interaktive Aufgaben – „ActiveBook“

Im **ActiveBook „Basic Language Skills“** erhalten Sie Zugriff auf zahlreiche **interaktive Aufgaben** zu Grundlagen wie **Hörverstehen**, **Leseverstehen** und **Sprachverwendung im Kontext**. Dies sind ganz wichtige „Basics“, die Sie für eine gute Sprachbeherrschung brauchen.

Das ActiveBook „Basic Language Skills“ bietet Ihnen:

- „**Listening**“ – authentische Audiodateien mit vielfältigen Aufgaben, die Ihr Hörverstehen testen
- „**Reading**“ – abwechslungsreiche Lesetexte und dazugehörige Aufgaben
- „**English in Use**“ mit gemischten Aufgaben rund um den Gebrauch der englischen Sprache
- Alle Aufgaben sind interaktiv, d. h., Sie können sie direkt am PC oder Tablet bearbeiten und erhalten sofort eine Rückmeldung zu Ihren Antworten.

ActiveBook
Interaktives Training

Web-App „MindCards“

Mit der Web-App „**MindCards**“ können Sie am Smartphone Vokabeln lernen. Auf diesen interaktiven Karteikarten finden Sie hilfreiche Wendungen, die Sie beim Schreiben von Texten oder im mündlichen Sprachgebrauch einsetzen können.
Scannen Sie einfach die QR-Codes oder verwenden Sie folgende Links, um zu den „MindCards“ zu gelangen:
https://www.stark-verlag.de/mindcards/writing-2
https://www.stark-verlag.de/mindcards/speaking-2

Writing

Speaking

HINWEISE UND TIPPS

Hinweise und Tipps zum Abitur

Allgemeine Hinweise und Tipps zum Abitur

Das Abitur im Fach Englisch kann sowohl als **mündliche Prüfung** (sog. Kolloquium) als auch als **schriftliche Prüfung** (sog. kombinierte Abiturprüfung) abgelegt werden. Dieses Buch beschäftigt sich nur mit der schriftlichen Prüfung und bezieht sich auf die Vorgaben für die Abiturprüfung 2023.

Die schriftliche Abiturprüfung in Englisch besteht aus drei Teilen: dem **Hörverstehen**, dem **Schreiben** mit *Text comprehension and analysis (Questions on the text)* sowie *Composition* und der **Sprachmittlung**. Die Aufgaben zum Schreiben basieren auf einer Textgrundlage. Hier können Sie zwischen einem Sachtext und einem literarischen Text wählen.

Bearbeitungszeit

Die Bearbeitungszeit beträgt **315 Minuten**. Davon entfallen 30 Minuten auf den Prüfungsteil Hörverstehen. Die restlichen 285 Minuten können Sie sich zur Bearbeitung der Textaufgabe sowie der Mediation frei einteilen.

Erlaubte Hilfsmittel

Als Hilfsmittel sind sowohl **ein- als auch zweisprachige Lexika** zugelassen, nicht jedoch elektronische Wörterbücher. Bitte beachten Sie, dass Sie in der Prüfung nur die durch das Staatsministerium genehmigten Wörterbücher verwenden dürfen.

Prüfungsinhalte und Ablauf

Prüfungsteil Hörverstehen
Ihre Prüfung beginnt mit dem **Hörverstehensteil**. Hier werden Ihnen in der Regel **zwei bis drei authentische Hörtexte** vorgespielt. Sie können die Texte jeweils zweimal anhören und müssen dazu **geschlossene und halboffene Fragestellungen** beantworten (vgl. hierzu die möglichen Aufgabenformate auf S. IV/V). Die einfache Hörzeit wird normalerweise **5 Minuten pro Hörtext** nicht überschreiten. Textgrundlage für diesen Aufgabentyp können Radiobeiträge, Reden, Interviews, Ausschnitte aus Diskussionen

oder Gesprächen etc. sein. Die authentischen Aufnahmen können Herausforderungen aufweisen, die das Hörverstehen erschweren (z. B. Hintergrundgeräusche, wechselndes Sprechtempo, von der Standardsprache abweichende Varietäten). Nach 30 Minuten ist der Hörverstehensteil der Prüfung beendet und die ausgefüllten Arbeitsblätter werden eingesammelt. Sie können dann zwar nichts mehr ändern oder ergänzen, was aber den Vorteil hat, dass Sie sich jetzt voll auf die Prüfungsteile **Schreiben** und **Mediation** konzentrieren können.

Prüfungsteil Schreiben

Für den Prüfungsteil **Schreiben** stehen Ihnen **ein fiktionaler und ein nicht-fiktionaler Text von jeweils max. 1 000 Wörtern zur Auswahl**, also z. B. ein Romanauszug und ein Zeitungsartikel. Die Aufgaben dazu sind jeweils in *Text comprehension and analysis* und *Composition* unterteilt. Um auszuwählen, welche der Textvorlagen Sie bearbeiten wollen, lesen Sie sich beide Texte möglichst unvoreingenommen durch. Beziehen Sie bei Ihrer Entscheidung für einen der beiden Aufgabenvorschläge nicht nur die Textvorlagen, sondern auch die dazugehörigen Aufgabenstellungen mit ein.

Die *Text comprehension and analysis* (*Questions on the text*) umfassen ab dem Abitur 2020 **in der Regel zwei, selten drei umfangreiche Fragen** zum Text. Normalerweise wird eine der Fragen Ihr **Textverständnis** überprüfen: Sie müssen also Inhalte des Textes in eigenen Worten wiedergeben. Eine weitere Frage wird sich normalerweise der **Textanalyse** widmen, d. h., hier geht es darum zu erklären, wie Inhalte im Text ausgedrückt werden und zu welchem Zweck der Autor oder die Autorin bestimmte sprachliche Mittel einsetzt. Im Abschnitt „Prüfungs- und Aufgabenformen“ finden Sie nähere Informationen zu häufigen Fragestellungen in diesem Prüfungsteil.

Im Bereich *Composition* werden **drei Themen** gestellt, die mit dem Text in einem mehr oder weniger engen thematischen Zusammenhang stehen und von denen Sie eines zur Bearbeitung auswählen. Eine dieser *Composition*-Aufgaben kann auch die Analyse und Interpretation eines Cartoons oder anderer visueller Vorlagen (Werbeanzeigen, Tabellen, Grafiken etc.) beinhalten. Welche Aufgaben hier sonst noch häufig sind und wie Sie mit diesen umgehen, können Sie ebenfalls im Abschnitt „Prüfungs- und Aufgabenformen“ nachlesen.

Prüfungsteil Sprachmittlung

Im Prüfungsteil **Sprachmittlung** müssen Sie den **Inhalt eines deutschen Ausgangstextes** unter Berücksichtigung spezifischer Vorgaben (**inhaltlicher Rahmen, Adressat*in, Textsorte**) **auf Englisch** wiedergeben. Als Richtwert gilt, dass ein Ausgangstext von maximal 650 Wörtern auf etwa ein Drittel des ursprünglichen Umfanges komprimiert wird. Schlagen Sie auch hier im Absatz „Prüfungs- und Aufgabenformen“ nach, wie Sie bei der Mediationsaufgabe am besten vorgehen.

Leistungsbewertung

Die schriftliche Abiturprüfung wird nach einem Teilnotensystem bewertet. Das heißt, für jeden Prüfungsteil erhalten Sie Notenpunkte von 0 bis 15 Punkten. Über die folgende prozentuale Gewichtung der einzelnen Teilnoten wird Ihre Gesamtnote ermittelt:

Prüfungsteil	Gewichtung
Hörverstehen	20 %
Text comprehension and analysis	35 %
Composition	20 %
Mediation	25 %

Für das Hörverstehen werden zunächst BE (= Bewertungseinheiten) für die Teilaufgaben vergeben. Diese werden in einem anschließenden Schritt in Notenpunkte umgerechnet.

Die Bewertung der restlichen drei Bereiche erfolgt unmittelbar in Notenpunkten, wobei Inhalt und Sprache einzeln bepunktet werden. Der Gesamtnotenwert für eine Schreibaufgabe ergibt sich dann aus einer Verrechnung der Inhalts- und Sprachnote im Verhältnis **40 % (Inhalt) : 60 % (Sprache)**. Die Fragen zum Text können je nach Umfang und Schwierigkeitsgrad unterschiedlich gewichtet sein, also kann beispielsweise eine umfangreichere Analysefrage 20 % Ihrer Note ausmachen, während auf eine kürzere Textzusammenfassung nur 15 % entfallen.

Zu beachten ist dabei, dass es zwei **Sperrklauseln** gibt. Die erste besagt: Wird in einer Aufgabe einer der beiden Bewertungsbereiche Sprache oder Inhalt mit 0 Punkten bewertet, so können auf diese Aufgabe insgesamt bestenfalls noch 3 Notenpunkte vergeben werden. Die zweite Sperrklausel besagt: Werden in einer Aufgabe im Bereich Inhalt oder Sprache 1, 2 oder 3 Notenpunkte erreicht, dann kann diese Aufgabe insgesamt nicht besser als mit 4 Punkten bewertet werden.

Die in der Tabelle aufgeführte Gewichtung der einzelnen Prüfungsteile kann Ihnen auch bei der ungefähren **zeitlichen Einteilung** helfen. Das Hörverstehen folgt einem starren zeitlichen Ablauf und nimmt insgesamt 30 Minuten Ihrer Arbeitszeit ein. Für die folgenden drei Prüfungsteile haben Sie insgesamt noch 285 Minuten, das sind vier Stunden und 45 Minuten. Wenn Sie sich 45 Minuten zur Auswahl der Aufgaben und zum Korrekturlesen am Schluss einplanen, dann bleiben Ihnen noch vier Stunden für die Aufgabenteile *Text comprehension and analysis*, *Composition* und *Mediation*. Hier ist es sinnvoll, die Zeit entsprechend der Gewichtung der Aufgabenteile zu investieren, also beispielsweise 105 Minuten für die Fragen zum Text, 60 Minuten für die *Composition* und 75 Minuten für die Sprachmittlung.

Prüfungs- und Aufgabenformen

Im folgenden Kapitel finden Sie zu den Prüfungs- und Aufgabenformen, die Ihnen in Ihrem Abitur begegnen können, wichtige Informationen. Diese sollen Ihnen die Vorbereitung auf diese Aufgabenformen erleichtern und Ihnen Strategien für deren Bearbeitung an die Hand geben.

Hörverstehen

Wichtige Fakten

Prüfungsteil:	erster Teil Ihrer schriftlichen Abiturprüfung
Prüfungsablauf:	normalerweise zwei bis drei maximal fünfminütige Hörverstehenstexte, die je zweimal angehört werden und zu denen geschlossene und halboffene Fragen beantwortet werden müssen

Mögliche Aufgabenformate

1. ***multiple choice questions***
   Bei Multiple-Choice-Aufgaben müssen Sie häufig einen gegebenen Satzanfang vollenden oder eine Frage beantworten, indem Sie aus mehreren Möglichkeiten die zum Hörtext passende auswählen. Ihnen wird üblicherweise vorgegeben, ob es nur eine richtige Lösung gibt oder ob Sie mehrere Antworten ankreuzen sollen.
2. ***true or false?***
   Hier sollen Sie auswählen, ob ein vorgegebener Satz richtig oder falsch ist. Hier ist es sehr wichtig, die Aussagen und den Text genau zu vergleichen. Oft sind es geringfügige Details, die eine auf den ersten Blick als richtig erscheinende Aussage im Text doch widerlegen.
3. ***matching***
   Hier müssen Sie zueinander passende Angaben zusammensetzen. Häufig hören Sie mehrere Textabschnitte, denen Sie Überschriften oder Kurzbeschreibungen zuordnen müssen. Sie müssen also aus jedem Textabschnitt die entscheidenden Informationen herausfiltern und diese mit den vorgegebenen Beschreibungen abgleichen.
4. ***complete the sentence/fill in the gap(s)/short answer questions/table fill-in***
   Hierbei handelt es sich um halboffene Fragestellungen. Sie müssen Sätze mit Informationen aus dem Hörtext vervollständigen, einen Lückentext ergänzen oder kurze Fragen zum Text beantworten. Sehr häufig müssen Sie auch Tabellen mit im Text genannten Aspekten befüllen. Da es nicht darum geht, Ihre produktiven Schreibfähigkeiten zu testen, sondern bloßes Verstehen abgefragt werden soll, müssen Sie normalerweise nur wenige Wörter schreiben und sprachliche Fehler werden nur gewertet, wenn sie sinnentstellend sind. Hier gibt es normalerweise auch nicht nur eine richtige Lösung, sondern Ihre Antwort muss sinngemäß dem Hörtext entsprechen. Am leichtesten ist es aber meist, die Formulierung des Hörtextes zu übernehmen, anstatt mühsam nach Umschreibungsmöglichkeiten zu suchen.

Eine weitere, seltener vorkommende Aufgabenstellung ist das sogenannte „**sequencing**“, bei dem Sie Aspekte in der Reihenfolge ordnen müssen, in der sie im Text vorkommen.

Tipps zur Vorgehensweise

Der Hörverstehensteil Ihrer Prüfung folgt einem streng durchstrukturierten Ablauf, da jeder Text nur zweimal vorgespielt wird und auch die Pausen vorgegeben sind. Um alle festgelegten Phasen des Hörverstehens bestmöglich zu nutzen, sollten Sie die folgenden Schritte der Reihe nach berücksichtigen:

- Der Fragenapparat zu allen Hörverstehenstexten wird bereits **vor dem ersten Hören** ausgeteilt und Sie bekommen einige Minuten Zeit, um sich mit den Aufgaben zu beschäftigen. Nutzen Sie diese Zeit, um sich die **Aufgabenstellungen genau durchzulesen**. Somit können Sie schon erste **Vorerwartungen** zum Thema der Texte anstellen, was es Ihnen anschließend sicher erleichtern wird, dem gesprochenen Text zu folgen.
- Besonders hilfreich ist es, sich wichtige **Signalwörter** in den Aufgabenstellungen zu markieren. Auf deren Auftauchen können Sie dann später beim Zuhören achten und somit den Fragen einzelne **Textabschnitte** zuordnen. Warten Sie aber nicht darauf, dass die Formulierungen aus den Aufgabenstellungen wortwörtlich auch im Hörtext auftauchen. Stattdessen kommen häufig auch **Synonyme** vor, sodass inhaltliche Übereinstimmungen oftmals eine größere Hilfe sind als Wortwiederholungen.
- Vor dem ersten Hören, in den Pausen und nach den Hördurchgängen ist die Wörterbuchnutzung erlaubt. Verwenden Sie Ihr **Wörterbuch** aber nur, um wirklich wichtige Wörter nachzuschlagen, da Sie sonst zu viel Zeit verlieren.
- Beim ersten Anhören sind Sie nun also gut vorbereitet und können mithilfe der markierten Signalwörter relevante Textstellen herausfiltern. Sie müssen sich keine Sorgen machen, wenn Sie nicht jedes einzelne Wort verstehen, da das sprachliche Niveau der Aufgabenstellung generell unter dem der Hörtexte selbst liegt und eine besonders schwer verständliche Stelle für die Lösung der Aufgaben vielleicht gar nicht relevant ist.
- Eine weitere wichtige Hilfe, neben den Signalwörtern, ist normalerweise die **Reihenfolge** der Aufgaben: Meist widmen sich die Fragen eine nach der anderen bestimmten im Text aufeinanderfolgenden Inhalten. Das bedeutet aber auch, dass Sie sich nicht zu lange an einer Frage aufhalten sollten, weil Sie sonst Gefahr laufen, auch die nächste Antwort zu verpassen. Schreiben Sie also zunächst nur Stichpunkte mit oder lösen Sie die Aufgaben, die Sie zeitnah beantworten können.
- Zwischen den beiden Hörphasen gibt es eine **kurze Pause**. Diese können Sie nutzen, indem Sie einerseits eventuell nur rasch formulierte Stichpunkte verfeinern, andererseits aber vor allem die Fragen in den Fokus rücken, die Sie beim ersten Anhören noch nicht beantworten konnten.
- Achten Sie beim **zweiten Anhören** nun also besonders auf die Stellen, an denen Ihnen noch **Informationen fehlen**. Nutzen Sie den zweiten Hördurchgang aber auch, um bereits beantwortete Fragen noch einmal zu überprüfen.

- Nach dem zweiten Hören sollten Sie das Geschriebene überprüfen und vervollständigen, sich dann aber auch schon dem Fragenapparat des nächsten Hörtextes widmen. Wenn Sie bei einer Aufgabe einmal gar nicht weiterkommen, raten Sie lieber, anstatt eine Lücke zu lassen. So haben Sie immer noch die Möglichkeit, aus dem Textzusammenhang auf die richtige Lösung zu schließen.

Vorbereitung auf diesen Prüfungsteil

Die beste Vorbereitung auf diesen Aufgabenteil ist es sicherlich, wenn man so häufig wie möglich die Gelegenheit wahrnimmt, die Fremdsprache zu hören. Gerade was das Englische angeht, bieten Streamingdienste oder allgemein das Internet leicht zugängliche Möglichkeiten. Sich seine englischen oder amerikanischen Lieblingsfilme in der Originalsprache – zur Unterstützung zunächst auch mit englischen Untertiteln – anzuschauen, Filmbeiträge oder Podcasts zu verschiedenen Themen auf YouTube oder den Webseiten englischer Radiosender aufzurufen, gerade auch in authentischen Sprechsituationen mit Hintergrundgeräuschen oder mit Personen, deren Sprachgebrauch vom Standardenglischen oder -amerikanischen abweicht, all das hilft Ihnen, sich vor der eigentlichen Prüfung sozusagen schon einmal „einzuhören". Und wenn Sie Themen auswählen, die Sie interessieren, kann die Vorbereitung auch richtig viel Spaß machen.

Textverständnis-/Textzusammenfassungsaufgabe

Wichtige Fakten

Prüfungsteil:	üblicher Teilbereich von *Text comprehension and analysis*
Kurzdefinition „Zusammenfassung":	übersichtliche Darstellung der wichtigsten (bzw. durch die Aufgabenstellung eingegrenzter) Inhaltselemente eines Textes in eigenen Worten

Häufige Operatoren

Grundsätzlich geht es bei einer Textverständnisaufgabe darum, den **Inhalt** eines Textes **in eigenen Worten** zusammenzufassen. Wichtig dabei ist, dass Sie sich auf die **wesentlichen Elemente** beschränken, also Beispiele, Deutungen und Interpretationen weglassen. Außerdem gibt Ihnen der **Arbeitsauftrag** oft noch zusätzliche Hinweise, z. B. darauf, auf welchen Abschnitt der Vorlage Sie eingehen sollen *(Refer to lines XX.)* oder welche Aspekte in Ihrer Zusammenfassung enthalten sein sollten *(Outline Colin Kaepernick's motivation for his special form of protest, people's reactions to it and his own experiences.*, vgl. Abitur 2021, Textaufgabe 1*)*. Bisweilen können Textverständnis- und Analsyefragen (vgl. nächster Abschnitt) auch in einer Aufgabe verknüpft sein, d. h., in einem solchen Fall sollen Sie erst eine inhaltliche Zusammenfassung geben und dann noch näher auf das Wie und das Warum der Darstellung eingehen.

Die häufigsten Operatoren für eine Textverständnisaufgabe sind die folgenden (vgl. auch den Abschnitt „Liste ausgewählter Operatoren"): *describe, outline, show, sum up.*

Tipps zur Vorgehensweise

- Als allerersten Schritt sollten Sie den Text **einmal aufmerksam durchlesen**, um einen Überblick über das Thema zu bekommen. Dabei können Sie bereits die Wörter und Ausdrücke unterstreichen, die Ihnen unbekannt sind; es ist nicht unbedingt notwendig, jetzt bereits die genaue Bedeutung jedes unbekannten Wortes nachzuschlagen, es sei denn, Sie verstehen eine Passage wirklich nicht.
- Schauen Sie sich in einem zweiten Schritt den **Arbeitsauftrag** genau an. Wie bereits oben erwähnt, kann es sein, dass Sie nicht den ganzen Text zusammenfassen müssen, sondern nur eine bestimmte Entwicklung beschreiben oder sich auf einen speziellen Abschnitt beschränken sollen.
- Nun folgen einer oder mehrere **intensive Lesedurchgänge**, während derer Sie für die Fragestellung wichtige Textstellen **markieren** oder am Rand in **Notizen** vermerken, was in Ihrer Lösung auf jeden Fall vorkommen muss. Überprüfen Sie die von Ihnen unterstrichenen oder markierten Textstellen immer wieder dahingehend, dass Sie für die jeweilige Aufgabenstellung auch wirklich **relevant** sind, also keine überflüssigen Informationen enthalten.
- Bevor Sie mit dem Schreiben beginnen, kann es helfen, die gefundenen Textpassagen zu ordnen bzw. ein **stichpunktartiges Gerüst** Ihrer Lösung zu verfassen. Dadurch stellen Sie sicher, dass Ihre Antwort einer nachvollziehbaren und logischen Struktur folgt, Sie sich möglichst nicht wiederholen und die einzelnen Aspekte sinnvoll verknüpft werden.
- Beim Schreiben ist es wichtig, dass Sie den Text nicht abschreiben, sondern durch **eigenständige Formulierungen** und durch **sinnvolle Verknüpfungen** *(connectives)* zeigen, dass Sie verstanden haben, worum es im Text geht.
- Achten Sie in Ihrer Zeiteinteilung darauf, dass Sie Ihre Antworten am Schluss noch einmal **Korrektur lesen** können. Dabei sollten Sie sich sowohl auf **sprachliche** als auch auf **inhaltliche** Aspekte konzentrieren. Das bedeutet einerseits, dass Sie ganz bewusst Fehler ausbessern, die Ihnen vielleicht häufiger unterlaufen (z. B. Vergessen des *-s* bei der 3. Person Singular im *simple present*). Andererseits können Sie hier noch einmal darauf achten, dass Ihr Text nachvollziehbar ist, sodass auch eine Person, die die eigentliche Textvorlage nicht kennt, verstehen würde, wovon diese handelt. Diese Distanz zum eigenen Text ist oft nicht ganz einfach, weshalb häufig empfohlen wird, die Korrekturphase ganz am Schluss einzuplanen. So haben Sie durch die Bearbeitung anderer Aufgaben schon einen gewissen zeitlichen Abstand zum Schreiben selbst gewonnen.

Hilfreiche Wendungen

- *The text refers to/contains information about …*
- *The text is about/deals with …*
- *The author describes/points out/claims that …*
- *According to the article, …*

Satzverknüpfungen nach Aussageabsicht *(connectives, linking words)*:

Aussageabsicht	**Satzverknüpfung**
• Gedanken aufzählen:	*Firstly/Secondly/Thirdly …* *In addition to …* *Moreover/Furthermore …*
• das Gegenteil ausdrücken:	*On the one hand, …; on the other hand, …* *but/however*
• eine Begründung/Folgerung ausdrücken:	*Another reason why/for/against …* *Consequently …* *So/Therefore/That is why …*
• eine Bedingung ausdrücken:	*If/Unless …* *Provided that/In case that …*
• ein Beispiel anführen:	*…, for example/…, for instance* *In other words …*
• einen Gedankengang abschließen:	*Finally/Lastly …* *To conclude/In conclusion …* *To sum up …* *All in all …*

Vorbereitung auf diesen Prüfungsteil

Ihre Vorbereitung sollte sowohl sprachliche als auch methodische Kompetenzen umfassen: Sprachlich kann es nützlich sein, wenn Sie schon während Ihrer Schullaufbahn eine **Fehlerliste** führen. Nutzen Sie also alle Schulaufgaben und Hausaufgaben, die Ihre Lehrkraft korrigiert hat, um sich ein Bild davon zu machen, welche sprachlichen Phänomene Ihnen immer wieder Schwierigkeiten bereiten. Diese Schwierigkeiten können Sie dann gezielt abbauen bzw. in Ihrer Korrekturphase genau darauf achten, dass Sie Ihre häufigsten Fehler nicht wiederholen.

Was den Wortschatz angeht, den Sie brauchen, um Texte in eigenen Worten wiederzugeben, ist die beste Vorbereitung, sich noch einmal mit den **Themen** zu beschäftigen, die Sie während der Oberstufe behandelt haben. Auch Ihre Abiturtexte werden sich thematisch den Lehrplanbereichen der Kursstufe zuordnen lassen, sodass die Beschäftigung mit dem während des Unterrichts behandelten Material eine prima Vorbereitung bietet.

Darüber hinaus ist ein Grundstock an **wichtigen Phrasen** sehr wichtig. Bestimmte Formulierungen kann man immer wieder gebrauchen, wenn man über Texte spricht oder logische Verknüpfungen darstellen will. Unter den oben aufgeführten hilfreichen Wendungen finden Sie einige Beispiele für solche häufig vorkommenden Formulierungen. Die Web-App „MindCards“ (s. Farbseiten zu Beginn des Buches) hilft Ihnen dabei, noch weitere *Useful phrases* einzuüben.

Insgesamt verbessert sich Ihre **Lesekompetenz** und die Fähigkeit, Wichtiges von Unwichtigem zu unterscheiden, mit jedem Text, den Sie lesen und durchdenken. Gerade die nicht-fiktionalen Abiturtexte werden oft aus einer kleinen Gruppe von *quality papers* ausgewählt (*Guardian, Times, Economist, New York Times, Newsweek* u. Ä.).

Eine ausgezeichnete Vorbereitung auf das Abitur ist es also, wenn man über den Unterricht hinaus regelmäßig Artikel aus dem Online-Angebot dieser Zeitungen und Magazine liest. Schildern Sie anschließend einem Lernpartner oder einer Lernpartnerin, worum es in den von Ihnen gelesenen Artikeln ging. Damit erweitern Sie Ihr Landeskunde-Wissen und trainieren beinahe nebenbei die Kompetenz des Zusammenfassens.

Textanalyseaufgabe

Wichtige Fakten

Prüfungsteil:	üblicher Teilbereich von *Text comprehension and analysis*
Kurzdefinition „Analyse":	Was wird gesagt? – (**Inhalt**) Wie wird es gesagt? – (**Form/Sprache**) Warum wird es so gesagt? – (**Funktion**)

Häufige Operatoren

Wie in der Kurzdefinition deutlich wird, sollen Sie in einer Analyseaufgabe über die reine Inhaltszusammenfassung hinausgehen. Es geht also nicht nur darum, was im Text gesagt wird, sondern auch darum, welche (**sprachlichen**) **Mittel** der Verfasser oder die Verfasserin einsetzt, um eine bestimmte **Wirkung** zu erreichen. Sie müssen sich also immer die Grundfrage stellen: Warum ist ein Text so geschrieben, wie Sie ihn vorfinden, und was soll dadurch bewirkt werden? Ein weiterer wichtiger Punkt beim Analysieren ist das sogenannte „**Zwischen-den-Zeilen-Lesen**": Nicht alle Informationen sind explizit oder wortwörtlich in einem Text ausgedrückt. Stattdessen kann man sich bestimmte Deutungen ableiten, indem man wiederum untersucht, was wie gesagt wird und was das für die Gesamtbotschaft bedeutet.
Die häufigsten Operatoren für eine Textverständnisaufgabe sind die folgenden (vgl. auch den Abschnitt „Liste ausgewählter Operatoren"): *analyse, characterise, examine.*

Tipps zur Vorgehensweise

Grundsätzlich sollten Sie bei einer Analyseaufgabe ähnlich vorgehen wie bei einer Textzusammenfassungsaufgabe. Das heißt, die grundsätzliche Reihenfolge aus

1. Lesen zum **allgemeinen Textverständnis**,
2. Studieren des **Arbeitsauftrages**,
3. intensives Lesen mit **Textmarkierungen**,
4. Strukturierung der eigenen Gedanken in einer Art **Gliederung**,
5. **Schreiben** und
6. **Korrekturlesen** des Textes

sollte auch hier gelten. Einige weitere Punkte, die speziell für eine Analyseaufgabe wichtig sind, sind hier noch einmal im Detail genannt und erklärt:

- Um einen Text zu analysieren, also zu untersuchen, wie etwas gesagt wird und warum, sollten Sie sich die folgenden Punkte merken, die oft für die Aussageabsicht entscheidend sind:

- **Überschrift**: Oft ist die Überschrift besonders kunstvoll gestaltet und gibt schon deutliche Hinweise auf die Aussageabsicht des Verfassers/der Verfasserin.
- **Erzählperspektive**: Vor allem bei literarischen Texten kann es wichtig sein, aus wessen Sicht ein Geschehen wiedergegeben wird und wie diese Perspektive die Darstellung färbt.
- ***tone***: Hier geht es um die allgemeine Haltung, die in einem Text zum Ausdruck gebracht wird. D. h., Sie sollten untersuchen, ob der Text eher ironisch, komisch, ernsthaft, wissenschaftlich, etc. mit einem Thema umgeht.
- **Aufbau und Struktur**: Manchmal kann man schon durch die Anordnung oder die Länge einzelner Textteile Rückschlüsse auf eine bestimmte Erzählabsicht oder erwünschte Leserlenkung ziehen.
- **Wortwahl**: Besonders eindrückliche Beispiele sind der Einsatz von Adjektiven oder Adverbien, „positive" oder „negative" Wortfelder, aber auch die Wahl bestimmter Personalpronomina, die die Leserschaft mit einbeziehen, auf persönliche Erfahrungen verweisen, etc.
- Umgang mit und Zitieren von **Quellen** oder **Autoritäten**: Das ist besonders in nicht-fiktionalen Artikeln wichtig, denn wissenschaftliche Quellen oder sogenannte *first-hand accounts* können die Glaubwürdigkeit einer Aussage unterstreichen.
- ***stylistic devices***: Stilmittel werden ganz bewusst eingesetzt, um bestimmte Aussageabsichten zu unterstreichen. Wie bei allen aufgezählten Punkten ist es in einer Analyse wichtig, Stilmittel nicht nur aneinanderzureihen, sondern sie immer in einen bestimmten Kontext einzuordnen und darauf einzugehen, warum sie dort eingesetzt werden, welchen Zweck der Autor oder die Autorin also mit der Verwendung rhetorischer Mittel erreichen will.

Selten müssen Sie alle diese Punkte beachten. Wichtig ist, dass Sie die **Aufgabenstellung** genau durchlesen, da sie vorgibt, welche der oben genannten Mittel für Ihre Aufgabe relevant sein könnten.

- Sehr wichtig für eine Analyseaufgabe ist auch das **richtige Zitieren**. Ihre Erkenntnisse dürfen zwar wie oben erwähnt über den Text hinausgehen, sollten sich aber stets durch Textstellen belegen lassen. Sie können entweder **wörtlich** aus dem Text zitieren (entsprechende Textstelle in Anführungszeichen und Angabe der Zeilen, in welchen das Zitat im Text vorkommt, in Klammern) oder **indirekt** auf Textstellen verweisen (cf. ll. xx). Richten Sie sich hier nach den Vorgaben Ihrer Lehrkraft.

Hilfreiche Wendungen

Auch hier sind im Folgenden nur einige beispielhafte Formulierungen genannt, die Sie häufig einsetzen können. Die „MindCards" bieten Ihnen noch weitere Anregungen.

- *To illustrate/show ..., the author uses/employs ...*
- *This message is stressed/underlined by ...*
- *... corroborate/support the message.*
- *The heading implies that ...*
- *The author wants to make people aware that ...*
- *Proof/Evidence of this can be found in lines ...*

Vorbereitung auf diesen Prüfungsteil

Auch die Vorbereitung auf die Textanalyseaufgabe lässt sich mit der auf eine Textverständnisaufgabe vergleichen. Darüber hinaus sollten Sie sich ein gewisses **literarisches und sprachliches Grundwissen oder Rüstzeug** aneignen. Machen Sie sich beispielsweise mit verschiedenen **Erzählhaltungen** vertraut (z. B. *first-person narrator, third-person narrator, omniscient narrator*), lernen Sie, häufige **Stilmittel** zu erkennen und zu beschreiben, und vergegenwärtigen Sie sich noch einmal die typischen Elemente einer **Personencharakterisierung** (äußerliche Merkmale, biografische Hintergrundinformationen wie Herkunft, Beruf, o. Ä., Charaktereigenschaften, Werte und Einstellungen, Umgang mit anderen Charakteren, Auftreten, Sprechweise, etc.).

Kommentar

Wichtige Fakten

Prüfungsteil:	übliches Auswahlthema im Rahmen der *Composition*
Häufigste Operatoren:	*comment/Do you agree?* (eigene Meinung zu einem Thema sachlich darstellen), *discuss* (Für und Wider eines Themas diskutieren)

Häufige Diskussionsgrundlagen

- Zitate/Sprichwörter (Beispiel: *"To travel hopefully is a better thing than to arrive." Robert Louis Stevenson,* vgl. Abitur 2018, Textaufgabe 1)
- umstrittene Themen oder Aussagen/„klassische" Kommentare/Erörterungen (Beispiel: *Imagine your school has been repeatedly targeted by vandals. A suggestion has been made to install CCTV cameras to stop the vandalism. Discuss.*, vgl. Abitur 2018, Textaufgabe 2)

Tipps zur Vorgehensweise

- Bei einer solchen Aufgabenstellung ist die **Konzeptarbeit** besonders wichtig. Das heißt, bevor Sie mit dem Schreiben beginnen, sollten Sie Ihre Argumente in einer Mindmap oder auch einer tabellenartigen **Gliederung** sammeln. Achten Sie dabei auf den **Operator** und die dementsprechend geforderten Argumente (Pro und Kontra bei *discuss*, eine Sichtweise, optional mit entkräfteten Gegenargumenten, bei *comment*).
- Der folgende Aufbau ist typisch für einen sachlich-argumentativen Text:
  - In der **Einleitung** führen Sie zum Thema hin. Dies kann durch einen aktuellen Anlass geschehen, ein Beispiel aus Geschichte, Literatur oder Film, eine persönliche Erfahrung, ein Zitat, eine allgemeine Wahrheit … Auf jeden Fall sollten Sie am Ende der Einleitung die Themenstellung formulieren, vielleicht mit eigenen Worten, wodurch Sie kontrollieren können, ob Sie wirklich beim Thema bleiben. Gerade bei einer Aufgabe, bei der Sie zu einem Zitat Stellung beziehen sollen, bietet es sich an, das Zitat in der Einleitung in eigenen Worten umzuformulieren oder in einen größeren Kontext einzuordnen.

– Im **Hauptteil** führen Sie Ihre Argumente für oder gegen eine Aussage, Maßnahme, etc. an. Sie sollten sie jeweils klar und deutlich nennen, aber auch mit Beispielen und Erläuterungen ausführen und untermauern. Beim Operator *discuss* ist es üblich, zuerst die Meinung, die nicht Ihrer eigenen entspricht, anhand von Argumenten darzustellen. Hierbei beginnen Sie üblicherweise mit dem stärksten Argument gegen Ihre Meinung und enden mit dem schwächsten. Anschließend stellen Sie Ihre eigene Meinung dar und steigern hierbei die Argumente vom schwächsten zum stärksten. Sie können von diesem strengen Schema aber auch abweichen und Argumente, die nicht Ihrer Meinung entsprechen, entkräften, indem Sie sie direkt Argumenten für Ihren Standpunkten gegenüberstellen. Wenn Sie nur eine Seite (entweder für oder gegen etwas) darstellen, macht der steigernde Aufbau ebenfalls am meisten Sinn. Häufig ist es als Einstieg aber auch beim Operator *comment* oder der Frage *Do you agree?* ratsam, kurz auf die Gegenmeinung einzugehen, diese dann aber durch mehrere Argumente zu entkräften.
– Am **Schluss** des Aufsatzes begründen Sie Ihre Entscheidung. Greifen Sie dabei eventuell noch einmal das Ihnen wichtigste Argument auf, werfen Sie einen Blick in die Zukunft oder gehen Sie noch einmal an den Anfang Ihres Aufsatzes zurück. Ein solcher „Ringschluss", bei dem Sie eine Problemstellung, die Sie in der Einleitung angesprochen haben, am Schluss noch einmal aufgreifen, gilt als besonders elegant.

- Auch Ihren Kommentar sollten Sie am Schluss noch einmal **Korrektur lesen** und neben der sprachlichen Richtigkeit immer die Frage voranstellen, ob Sie Ihre Argumente verständlich ausdrücken und sinnvoll von einem zum nächsten Punkt überleiten.

Hilfreiche Wendungen

Aussageabsicht	**Formulierung**
• Einleitung:	*To begin with/To start ...* *First of all ...* *Recently, there has been much debate about ...*
• Zustimmung ausdrücken:	*In my opinion/I am of the opinion that ...* *To my mind ...* *I think/believe/maintain/hold the view ...* *I am convinced that ...* *I support ...* *I agree ...*
• Anderer Meinung sein:	*I disagree/do not agree ...* *Yet/On the contrary ...* *In opposition to/In contrast to ...* *Nevertheless, I think ...*

- Schluss formulieren: *In sum/In brief …*
  To conclude/In conclusion/As a result …
  To sum up …
  Weighing the pros and cons, I come to the conclusion that …

Analyse eines Cartoons oder Bildes

Wichtige Fakten

Prüfungsteil:	übliches Auswahlthema im Rahmen der *Composition*
Erscheinungsformen:	politische Karikaturen (meist aktuelles politisches Thema), Karikaturen, die allgemeinmenschliche Schwächen aufs Korn nehmen; gestellte Fotografien, Schnappschüsse, Standbilder aus Filmen, Werbeanzeigen

Tipps zur Vorgehensweise

- Im ersten Teil der Analyse eines Cartoons oder Bildes **beschreiben** Sie die für die Aussage wichtigen Elemente der Vorlage: Welche Personen werden dargestellt? Wo befinden sich diese? Was tun sie? Was sagen sie? Werden Symbole verwendet (z. B. ein Herz für Liebe)? Gibt es Bildunterschriften, Sprechblasen oder sonstigen Text? Achten Sie darauf, dass Sie sich nicht in zu vielen Details verlieren. Bei einer guten Analyse von Bildmaterial sollte die Beschreibung nicht länger sein als die beiden folgenden Schritte, die Interpretation und die Stellungnahme, und möglichst alle erwähnten Auffälligkeiten sollten der Interpretation dienlich sein. Beachten Sie außerdem, dass üblicherweise das *present progressive* benutzt wird, um zu beschreiben, was auf einer Bildvorlage passiert.
- Im zweiten Abschnitt **interpretieren** Sie die Aussage des Cartoons: Zu welchem Thema wird Stellung genommen? Welcher Standpunkt wird vertreten? Hier hilft es sicherlich, dass die Aufgaben, die im Prüfungsteil *Composition* gestellt werden, in einem mehr oder weniger engen Zusammenhang mit dem Lesetext stehen. Das Grundthema werden Sie also häufig mithilfe der Textvorlage erarbeiten können. Dennoch ist es wichtig, dass Sie genau darauf eingehen, zu welchem Aspekt des Grundthemas das Bildmaterial Stellung nimmt und ob es Lob oder Kritik oder eine andere Botschaft ausdrücken soll.
- In einem abschließenden Schritt **kommentieren** Sie den Cartoon und sagen kurz Ihre eigene Meinung zum dargestellten Thema: Stimmen Sie mit der Aussageabsicht, die Sie zuvor interpretiert haben, überein oder sind Sie anderer Meinung?

Hilfreiche Wendungen

- *The cartoon shows …/In the cartoon, you can see …*
- *In the background …/In the foreground …/In the centre of the cartoon …*
- *On the left …/In the top right-hand corner you can see …/The left half shows …*
- *The caption reads …*

- *The cartoonist/artist illustrates .../wants to express the fact that ...*
- *The cartoon is a reference to .../refers/alludes to .../is a criticism of ...*
- *The message of the cartoon is .../The cartoon might suggest that ...*

Auch für die Analyse eines Cartoons oder Bildes können Sie mit den „**MindCards**" (vgl. Farbseiten) einige nützliche Wendungen wiederholen.

Ähnlich wie bei der Analyse eines Cartoons oder Bildes gehen Sie auch bei der **Analyse von Statistiken** vor. Auch hier sollten Sie üblicherweise dem Dreischritt Beschreibung, Interpretation, persönliche Stellungnahme folgen.

Kreative Aufgabenstellungen

Wichtige Fakten

Prüfungsteil:	mögliche Aufgabenform im Rahmen der *Composition* (theoretisch kann jede Aufgabe in kreativem Zieltextformat erwartet werden, v. a. auch Mediationen)
Häufig erwartete Zieltextformate:	Rede, Brief/Leserbrief, E-Mail, Tagebucheintrag, Artikel

Tipps zur Vorgehensweise

Für die Vielfalt der kreativen Aufgabenformen müssen unterschiedlichste Anforderungen beachtet werden. Als Grundregel sollen jedoch die folgenden gelten:

- **Perspektive und Zielpublikum:** Aus welcher Perspektive schreiben Sie Ihren Text? An wen richtet sich Ihr Schreiben? Je näher Ihnen beispielsweise die Person steht, an die Sie schreiben, desto persönlicher können Ausdruck und Stil sein.
- **Formale Elemente:** Eine Rede beginnt beispielsweise immer mit einer Begrüßung und hat den Auftrag, ein Publikum zu fesseln, was sich auch in der rhetorischen Gestaltung widerspiegeln sollte. Auch für Briefe gibt es ganz bestimmte formale Vorgaben, wie Begrüßungs- und Abschiedsformeln, etc.

Auch für einige der häufigsten Zieltextformate können Sie *useful phrases* mithilfe der „**MindCards**" trainieren.

Wichtige Fakten

Prüfungsteil:	verpflichtender Teil Ihrer Abiturprüfung
Definition:	Unter Sprachmittlung / Mediation versteht man die **sinngemäße Übertragung** von Informationen von einer Ausgangs- in eine Zielsprache (üblicherweise vom Deutschen ins Englische). Eine Mediation ist keine wortwörtliche Übersetzung!

Tipps zur Vorgehensweise

- Lesen Sie den **Arbeitsauftrag** genau. Er gibt nicht nur vor, auf welche Teile des Ausgangstextes Sie Ihre Mediation gegebenenfalls beschränken sollen, sondern auch, in welcher Textform Ihre Lösung gestaltet sein soll und an wen sich Ihr Zieltext richtet (z. B. eine E-Mail an eine*n amerikanische*n Austauschschüler*in).
- Bei der Arbeit mit dem Text sollten Sie, ähnlich wie bei einer Textverständnisaufgabe, die **für die Bearbeitung relevanten Stellen markieren**. Ganz sicher müssen Sie auch hier Wichtiges von weniger Wichtigem trennen, die Aspekte neu ordnen oder Inhalte zusammenfassen.
- Danach gehen Sie in einem dritten Schritt an die eigentliche **Übertragung in das Englische**. Dabei dürfen Sie den Sinn der Aussagen der Vorlage nicht verändern, können den Text aber **sprachlich** durchaus **anpassen**: Lassen Sie sich also nicht verunsichern, wenn die deutsche Vorlage sehr anspruchsvoll ist. Sie können z. B. Wortarten verändern oder Satzstrukturen vereinfachen. Allerdings sollten Sie **inhaltlich** bei der Textvorlage bleiben und sich, auch wenn Sie zu einem Thema eigenes Hintergrundwissen haben, auf im Text genannte Aspekte beschränken.
- Richten Sie Stil und sprachliches Niveau Ihres Textes nach der **Zielperson**: Wenn es sich z. B. um einen Leserbrief an eine Tageszeitung handelt, sollten Sie diesen sprachlich anders formulieren als eine kurze Rede vor Gleichaltrigen oder einen Beitrag in einem Internetforum.
- Auch die Überlegung, wie Sie mit **kulturspezifischen Besonderheiten** umgehen sollten, ist stark davon abhängig, an welches fiktionale Publikum sich Ihr englischer Text richtet. Von einem Jugendkongress, an dem ein politisch interessiertes internationales Publikum teilnimmt, können Sie vielleicht anderes Vorwissen erwarten als von der breiten Masse an Schülerinnen und Schülern Ihrer amerikanischen Austauschschule. Je nachdem, was in der entsprechenden Situation sinnvoll erscheint, können Sie deutsche Besonderheiten oder Fachbegriffe beispielsweise stehen lassen, umschreiben oder auch ganz weglassen.

Liste ausgewählter Operatoren

Die Operatoren (oder „Arbeitsanweisungen“) lassen sich drei Anforderungsbereichen zuordnen. **Anforderungsbereich I** prüft Ihr Textverständnis ab, hier geht es vorwiegend um die Wiedergabe von Informationen in eigenen Worten. Im **Anforderungsbereich II** wird häufig eine Textanalyse oder -interpretation erwartet. Für den **Anforderungsbereich III** müssen Sie wertende oder kreative Texte verfassen. Für *Text comprehension and analysis* sind nur die Anforderungsbereiche I und II relevant. Hier sollen Sie die Inhalte der Vorlage neutral wiedergeben bzw. analysieren, aber keinesfalls kommentieren oder bewerten. Dagegen ist Ihre persönliche Stellungnahme sehr häufig im Prüfungsteil *Composition* gefragt (Anforderungsbereich III).

Operator Comprehension (I)	Definition	Beispiel
Describe	Hier wird von Ihnen verlangt, dass Sie die Informationen aus dem Text herausfiltern, die für die Aufgabenstellung relevant sind. Sowohl *describe* als auch *outline* sind typisch in Fragen, die Ihr allgemeines Textverständnis abprüfen. Meist geht es also darum, Hauptmerkmale einer Sache zu sammeln oder Abläufe in ihren Grundzügen zu beschreiben. Versuchen Sie, möglichst selbstständig zu formulieren und direkte Zitate weitgehend zu vermeiden.	Describe the cycle superhighway project and its aims. (vgl. *Abitur 2017, TA 1*)
Outline (**siehe *Describe***)		Outline how Detroit has changed over the decades. (vgl. *Abitur 2019, TA 1*)
Show (**siehe *Describe***)		Show how the relationship between Achates and Victoria develops. (vgl. *Abitur 2019, TA 2*)
Sum up/ Summarise	Diese Anweisung fordert Sie auf, einen Text oder bestimmte Teile oder Aspekte eines Textes zusammenzufassen. Eigentlich ist dieser Operator sehr eindeutig, jedoch sind die Erwartungen der jeweiligen Lehrkräfte, wie ausführlich bzw. knapp eine Zusammenfassung sein soll, sehr unterschiedlich. Dies ist eine Frage, die Sie jeweils individuell mit Ihrer Lehrkraft klären müssen. Bisweilen wird besonders darauf hingewiesen, dass Sie etwas kurz *(briefly)* zusammenfassen sollen. Allgemein gilt, dass Beispiele, Wiederholungen oder Bewertungen aus dem Ausgangstext in der Zusammenfassung nicht vorkommen sollten.	Sum up the main points of criticism.

Analysis (II)		
Analyse	Was an Material ist zu einer Frage im Text vorhanden? Wie wird etwas im Text ausgedrückt (Erklärung sprachlicher Gestaltungsmittel)? Warum wurde eine bestimmte Ausdrucksweise gewählt (Funktion)? *Analyse* beschreibt kurz gefasst die Verknüpfung der Fragen „was?“, „wie?“ und „warum?“.	Analyse what St. Pancras stands for in the text. (vgl. *Abitur 2018, TA 1*)
Characterise / Give a characterisation	Bei dieser Aufgabenstellung geht es meist darum, eine oder mehrere Personen zu charakterisieren. Dabei ist es wichtig, dass Sie nicht nur die Textstellen heranziehen, in denen der Autor oder die Autorin explizit (direkt) beschreibt, wie jemand (oder etwas) ist, sondern dass Sie auch merken, wo dies implizit (indirekt) geschieht. Legen Sie sich einen Fundus von Wörtern an, mit denen sich Äußerlichkeiten und Charaktereigenschaften beschreiben lassen.	Give a characterisation of the Das family. (vgl. *Abitur 2021, TA 2*)
Compare	Bei diesem Operator müssen Sie zuerst darstellen, was verglichen werden soll, und dann die Informationen aus dem Text zueinander in Beziehung setzen.	Compare how Fatou and Betty react to Neni's problem. (vgl. *Abitur 2020, TA 2*)
Examine (siehe *Analyse*)		Examine how the writer's perception of Detroit is reflected in his use of language. (vgl. *Abitur 2019, TA 1*)
Explain (Give reasons)	Dieser Operator ist sehr ähnlich der Anweisung *analyse*, jedoch wird nur erwartet, dass Sie z. B. einen Sachverhalt, das Verhalten einer oder mehrerer Personen oder ein Ereignis erklären; die eigentlichen Fakten werden als so klar und deutlich im Text vorhanden vorausgesetzt, dass es sich erübrigt, sie noch einmal darzustellen. Manchmal wird auch nach einer bestimmten Anzahl von Gründen gefragt, also: *Give three reasons why he reacts that way …*	Explain why the protagonist reacts so violently.

Comment (III)		
Comment	Hier ist Ihre eigene Meinung gefragt. Oft sollen Sie einer vorgegebenen Sichtweise zustimmen oder ihr widersprechen. Wichtig ist, die eigene Meinung mit zwei oder drei überzeugenden Argumenten zu belegen. Auch wenn es möglich ist, eine abwägende, neutrale Haltung einzunehmen, ist das hier nicht zwingend nötig. Sie können sich auch ausschließlich auf Ihren eigenen Standpunkt konzentrieren. Eine ähnliche Vorgehensweise verlangt die Fragestellung *Do you agree?*.	Comment on the cartoon. Air travel should be a lot more expensive. Do you agree? (vgl. *Abitur 2020, TA 1*)
Discuss	Ähnlich wie der Operator *comment* wird Ihnen *discuss* in Aufgabenstellungen begegnen, in denen es um eine begründete Stellungnahme zu einem kontroversen Thema geht. *Discuss* legt eine dialektische Erörterung nahe, d. h., hier sollten Sie Pro- und Kontraargumente gegeneinander abwägen.	It should be illegal to make journeys of less than two miles by car. Discuss. (vgl. *Abitur 2017, TA 1*)

ÜBUNGSAUFGABEN

Schreiben: Übungsaufgabe 1

Bayern ▪ Englisch

Assignment

The city centres of major towns in Germany should be closed to private diesel cars. Discuss.

Step 1 Brainstorming

Collect some ideas that come to mind when reading the assignment. Find at least two arguments in favour of and two against the proposed ban on diesel cars.

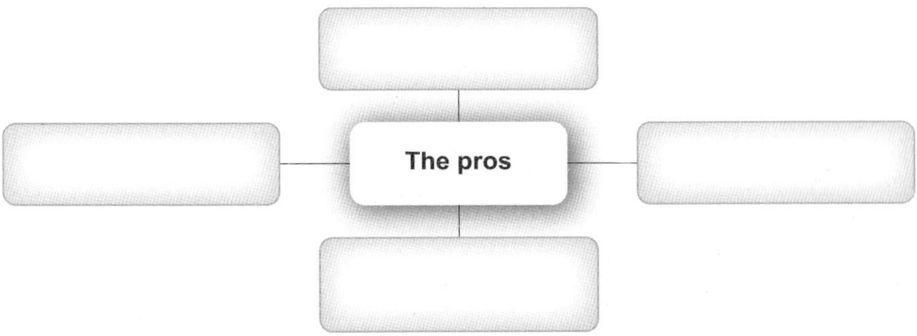

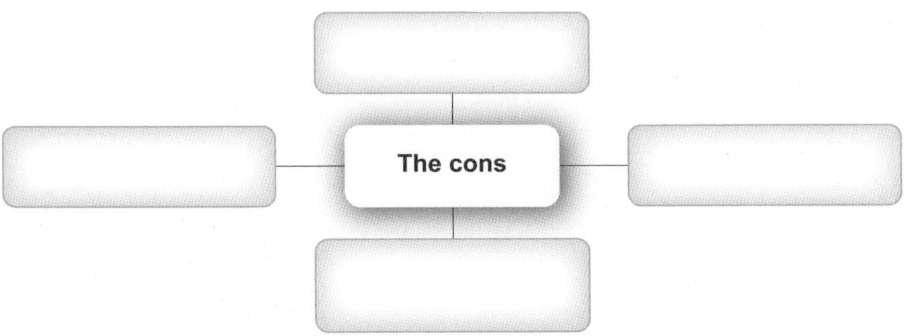

Step 2 Structure

Draw a conclusion on what position you are going to adopt and structure your arguments in a convincing order.

Step 3 Writing

Based on your arguments and the structure you would like to adopt, formulate your answer to the assignment.

Lösungsvorschlag

Step 1 Brainstorming

TIPP

Of course, you can also come up with different ideas than the examples given here. Just remember to collect arguments for both sides. It is advisable to have roughly the same number of arguments for and against a given thesis. However, you can also focus on the side you agree with.

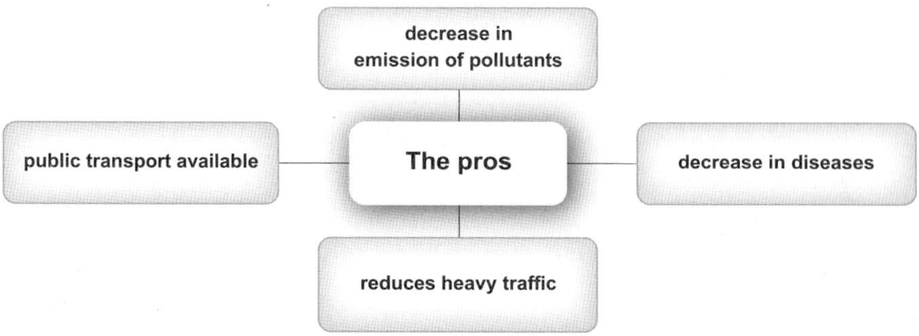

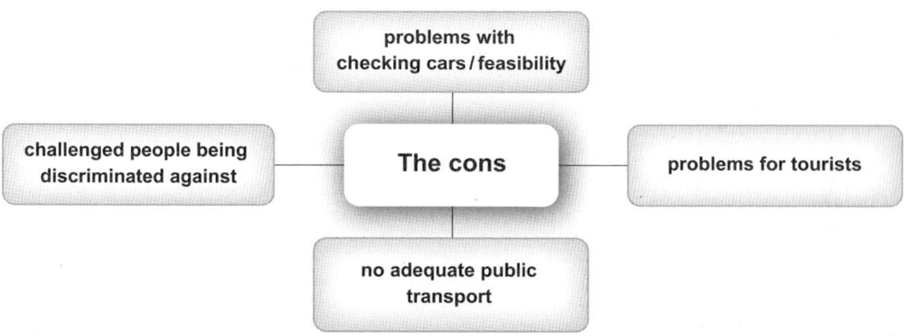

TIPP

If you are to **discuss** a given topic, you need to present pros as well as cons in your essay. This can be done in two ways. You can either follow up each argument with a counterargument before coming to a conclusion – this approach can prove to be rather difficult as the arguments have to fit each other perfectly – or you can first introduce all your ideas in favour of one side of the argument. After a transitional passage, you can present ideas which support the other side which should also be your point of view. The conclusion should be the logical consequence of your reasoning. The following is an example of this second approach.

General structure of the example answer:

- **Heading:** The heading should arouse the readers' interest.
- **Introduction:** Refer to the assignment while putting it into a larger context: climate change, diesel scandal, etc.
- **First argument:** Mention and elaborate on your first argument in favour of a ban on diesel cars: air pollution in cities, health hazards
- **Second argument:** Expand upon the positive side effects of a ban in your second argument: alternatives to private cars in cities easy, environmentally friendly and healthy
- **Transition:** Lead to the counterarguments.
- **First argument:** Directly respond to the above-mentioned argument showing it to be unconvincing: no easy alternative to private transport in cities, problems of public transport
- **Second argument:** Mention and elaborate on your second argument against a ban: rhetorical questions to underline the doubts regarding efficient checks on cars, general feasibility of ban questionable
- **Third (and final) argument:** Name and elaborate on your most important argument against the ban: unfairness towards certain groups of the population
- **Conclusion:** Give your personal opinion after weighing up the pros against the cons.

In the example answer, useful connectives stand out in **bold** print.

Example answer:

Structure

To drive or not to drive

Heading

In the light of almost daily news on the alarming state of the environment, climate change and pollution, governments as well as individuals urgently have to try and find a means to stop global warming and enhance a healthy environment. The so-called diesel scandal, which exposed diesel cars of emitting more pollutants than formerly estimated, has **triggered a fierce debate on** whether to close the city

Introduction

centres of major German towns to privately owned old diesel cars. Politicians have had their say, experts have put forward arguments for and against this project and heated discussions among the population have taken place.

Proponents of a driving ban **claim** that old diesel cars are mainly to blame for the poor quality of the air in city centres where traffic is slow and often comes to a complete standstill. Their emission of microparticles is said to be responsible for an increase in diseases of the lungs and other illnesses. First argument

A ban on private diesel traffic, **besides** being necessary as regards the environment's and people's health, would also be easily feasible in metropolitan centres. **While** for people living in the suburbs, owning a car is usually a necessity, in cities, public transport is available around the clock and urban infrastructure has a lot to offer. **Furthermore,** with a sufficient number of cycle paths at people's disposal, getting around inner cities by bike can be easier and much faster than by car anyway **apart from** the positive effect cycling has on one's health. Second argument

These might be considered valid arguments, **but** other considerations are even more important in my opinion. Transition

While it is of course a commendable aim to make more people use buses, trains, etc. instead of their private cars, an objective look at the situation of public transport shows that there is quite some room for improvement were it to efficiently replace the use of privately owned cars. **Apart from** being rather expensive, buses, trains, and the underground are often far too crowded and the services tend to be unreliable. First argument

Secondly, it would be quite difficult to enforce a ban on old diesel cars. The idea of determining a driver's right to access restricted zones in city centres by the use of stickers on the windscreens of their cars would only work **to a certain extent**. Having traffic wardens check parked vehicles could certainly be done, but **the question of** how to deal with moving traffic remains to be solved. **It is hardly imaginable** to have drivers pass checkpoints when entering cities or accept cameras taking pictures of each and every car to ensure that the law is being obeyed. **And what about** tourists venturing into city centres with their diesel cars? Should they be made to turn around in search of some park and ride space possibly already taken up by daily commuters? It is not difficult to picture the ensuing chaos on the streets of popular tourist destinations like Munich, for example. Second argument

Last but not least the question of fairness arises. **Not only** would it be inconvenient for **but** also highly unfair to the people living and working in city centres either to force them to buy new cars or leave their current ones in far-off parking spaces. **The more so** as even recently bought diesel cars might not meet the required standards although their owners acquired them specifically with a lower emission of microparticles in mind. **Furthermore,** what is to be done with owners of small businesses, like artisans who have to access different places within cities and whose vans might be too expensive to be easily replaced? Will they be exempted from the ban because their traffic is not regarded private? **And what about** mobility-challenged people who may need their cars to facilitate their lives? Will they have to prove a certain degree of disability to be given the right to go home by car?

Third (and final) argument

Summing up, I am forced to say that **although there can be no doubt that** a creative concept to generally reduce traffic in city centres is badly needed, banning old diesel cars is not the way to achieve this goal. **Instead,** politicians should invest money in public transport and thereby provide incentives for people living in or visiting cities to voluntarily go without private cars if they do not absolutely need them.

Conclusion

Schreiben: Übungsaufgabe 2

Bayern ▪ Englisch

Assignment

Your parents have just told you that they are taking you and your sister on a hiking holiday to Austria instead of the planned trip to Cuba for ecological reasons. Write an email to your American friend telling him/her what you think of the whole matter.

Step 1 Brainstorming

Before starting on your email, collect some ideas that could come up in your text. The task of writing an email does <u>not</u> require you to present pros and cons. Instead, this is an assignment where you are free to write whatever comes to your mind concerning the topic at hand. However, your answer should still be well-structured and coherent. So, try and connect your ideas logically. For your initial brainstorming, it might be useful to underline important parts of the assignment and come up with ideas you could mention.

Important parts of the assignment	Ideas connected to the assignment
Your parents have **just** told you …	
they are taking you […] on a **hiking holiday to Austria instead of the planned trip to Cuba**	
for ecological reasons	
and your **sister**	

Write an **email** …	
to your **American friend**	
what you think of the whole matter	

Step 2 Structure

When you have decided which position you are going to adopt and what you could include in your email, structure your thoughts in a suitable fashion.

Step 3 Writing

Based on the ideas you have collected and the structure you would like to adopt, formulate your answer to the assignment.

Lösungsvorschlag

Step 1 Brainstorming

TIPP

Some examples are given, but don't worry if you have come up with different ideas. Remember: for a creative task like this, you are quite free to write about whatever seems fitting for you.

Important parts of the assignment	Ideas connected to the assignment
Your parents have **just** told you …	Possible reactions: You could … • still be in shock, • have to come to terms with your disap-pointment or • begin to see your parents' point of view.
they are taking you […] on a **hiking holiday to Austria instead of the planned trip to Cuba**	Why you might prefer Cuba: • dislike of hiking • Austria not as cool and exotic as Cuba • get to know new people or: Why you can come to terms with your parents' decision: • shorter journey to Austria • quality time with your family only • cheaper • you share your parents' ecological con-cerns / your commitment to Fridays for Future convinced your parents
for ecological reasons	Your opinion: • bad conscience because you egoistically prioritise your own fun or • agreement with your parents' green con-science
and your **sister**	Your sister … • does not share your opinion (anger and frustration). or • You are both at loggerheads or both agreeing with your parents.

Write an **email** …	Formal conventions for an email: • greeting • referring to former conversations • goodbye
to your **American friend**	Addressing your friend: • What does he / she think about the issue? • Why are you writing to him / her? (e. g. to let off steam, to ask about your friend's experiences with holidays and parents, to tell him / her to expect a postcard from Austria instead of Cuba)
what you think of the whole matter	Your general state of mind: disappointed, angry, shocked, sad, embarrassed <u>or</u> understanding, happy, proud

Steps 2 and 3 Structure and Writing

TIPP

For a creative task like this, there is not a clear-cut structure you have to adopt. However, remember the formal conventions that mark your text as an email. Furthermore, order the ideas you have collected in a logical fashion.
You are also free to choose the style and register of your text. Do not hesitate to use colloquial expressions and less formal language to express your thoughts and feelings. Of course, the use of rather formal language is also possible. As you can see in the sample answer, a very one-sided point of view is expressed in quite informal language. In the following text, some typical conventions for writing an email to a friend as well as some expressions you can use to stress your indignation stand out in **bold** print.

General structure of the example answer:
- **Subject:** Make the subject fit your text.
- **Greeting:** Begin your email in the conventional way.
- **Introduction:** Refer to the latest communication with your friend.
- **Change of plans:** Describe what has happened and give some details on how you feel about the situation.
- **New plan:** Elaborate on your parents' new holiday plans and on your disappointment and anger.
- **Sister's opinion:** As a sister is mentioned in the assignment, refer to her in your email and bring up her point of view.

- **Addressing your friend:** Don't forget that you are writing to a friend, so make sure to address him or her in your email.
- **Questions for your friend:** Ask your friend for his or her opinion, thereby giving them an incentive to write again.
- **Closing:** End your email in the conventional way.

Example answer: | **Structure**

Why me? | Subject

Hi Mike, | Greeting

Introduction: **Thanks for** your last email with all the information on your stay in Cuba. I was already imagining myself walking down the same streets in Havana as you did and enjoying myself on the same beach you enthused about.

Change of Plans: **But no** – it has all come to nothing just because **out of the blue** my parents have developed **this crazy urge** to support the Green Movement and to change their way of living (which happens to be my way of living, too, **but nobody has asked for my opinion**). **No more** air travel for us, **but** hauling around luggage at train stations, then stowing it in overflowing overhead racks before finally collapsing into narrow seats in sticky compartments.

New Plan: That's how we are going to travel to our holiday destination which is **some obscure village** in the Austrian Alps where **they won't even know that the Internet exists**. Instead it seems that you can hike there for hours without meeting another living soul. The fewer the merrier appears to be my parents' new motto. **Can you imagine** poor me trudging along some bleak mountain trail with nothing but cows for company instead of playing a decent game of beach volleyball with a friendly crowd? I'll be the laughing stock at my school if this gets out – especially after telling everyone that I will be having the coolest of all holidays this summer.

Sister's opinion: **Now you'd think** my sister would support me in making my parents change their minds, **but no such luck**. Since Hanna was told about the cats, the dog and the donkey she will be allowed to cuddle on the farm where we will be staying, she hasn't stopped talking about the time she intends to spend in the barn. To her that's sheer bliss and **she isn't asking for more**.

Addressing your friend: **Well, that's all from me.** Sorry for probably boring you to death with my ranting, but my parents have only just told us about this change of plan and I'm simply mad at them. I had to tell someone about it.

Now, what do you think of the whole matter? Is it wrong to complain about a fantastic stay abroad being replaced by a boring trip across the border because of my parents worrying about their carbon footprint? **I'm so looking forward to hearing from you.**

Questions for your friend

All the best,

Closing

Mia

Assignment

Describe, interpret and comment on the following cartoon.

I WANT TO OFFSET MY CARBON FOOTPRINT
JENKINS…CANCEL YOUR HOLIDAY FLIGHTS

Step 1 Cartoon description

Make notes on the details marked on the cartoon. Concentrate on the following questions:

- Who are the characters?
- What are they doing, saying or how are they feeling?
- Is there symbolism to certain details?

I WANT TO OFFSET MY CARBON FOOTPRINT JENKINS...CANCEL YOUR HOLIDAY FLIGHTS

Step 2 Cartoon interpretation and personal opinion

After describing the cartoon, you should be able to identify its overall message and place it in a larger context.
Answer the following questions in order to prepare for the task at hand.

1 What is the cartoon's overall message?/What is the cartoonist trying to communicate/criticise/show?

- ____________________
- ____________________

2 Why has the cartoonist chosen this specific situation?/What detailed interpretations can you deduce?

- ____________________
- ____________________

3 Do you agree with the cartoon's message? Why/Why not?

- ____________________
- ____________________

Step 3 Structure

After having collected the important details you need for your solution, arrange these in logical order.

Step 4 Writing

Based on the ideas you have collected and the structure you would like to adopt, formulate your answer to the assignment.

Lösungsvorschlag

Step 1 Cartoon description

Step 2 Cartoon interpretation and personal opinion

1 What is the cartoon's overall message?/What is the cartoonist trying to communicate/criticise/show?

- **people being aware of environmental problems**
- **people's unwillingness to change their own lifestyles**

2 Why has the cartoonist chosen this specific situation?/What detailed interpretations can you deduce?

- **not-in-my-backyard attitude**
- **those in power shifting the responsibility for protection of the environment**

3 Do you agree with the cartoon's message? Why/Why not?

- **agreement**
- **people generally do not want to give up their privileges**

Steps 3 and 4 Structure and Writing

TIPP

Your answer has to combine the three steps of describing what the cartoon shows, what message the cartoonist wants to convey and whether you agree or disagree with that message.

General structure of the example answer:

- **Description of the cartoon:** Use the present progressive when describing what is happening in the cartoon. At least partly quote the caption using quotation marks. The description must not exceed roughly one third of your complete text. Describe predominantly those elements relevant for the interpretation.
- **Interpretation of the general message of the cartoon:** Indicate clearly that you are now dealing with the message. Mention larger topics the cartoon alludes to.
- **Detailed interpretation:** Elaborate on the general message and pay attention to sub-points you could mention.
- **Own opinion:** Make obvious that you are about to state your own opinion. Round off your text by giving reasons for your point of view. Avoid simply repeating the expressions used in the interpretative paragraphs.

In the example answer, useful expressions for analysing a cartoon are marked in **bold** print.

Example answer:

Structure

Description of the cartoon

The cartoon shows two men facing each other. The bald elderly man on the left, who seems to be the other man's boss, is sitting at a table with some papers lying in front of him. He is wearing glasses, a shirt and a tie and is clearly in a bad mood **judging by** his angry facial expression and by the fact that he is shouting at Jenkins, the man standing next to the table on the right. Wanting to "offset [his] carbon footprint" he is ordering Jenkins to "cancel [his] holiday flights". Jenkins, whose clothes also **characterise him** as a businessman, is obviously a subordinate. He does not show any emotions but is staring uncomprehendingly at his boss.

Interpretation of the general message of the cartoon

The message of the cartoon is quite clear. **The artist wants to draw attention to** people's reactions to a predicted climate change. They are familiar with expressions like "carbon footprint" and know exactly that some of their actions or habits harm the environment. Getting on a plane to reach one's holiday destination adds to air pollution to no small extent. Reducing or even completely avoiding any unnecessary air travel could **therefore** be a contribution to a cleaner environment. **Thus,** the idea of looking for alternative holiday destinations is absolutely recommendable.

Detailed interpretation

The cartoonist's main concern, however, is to point out people's not-in-my-backyard attitude. As long as protecting the environment is just an abstract and vague topic of discussions and debates, or concerns somebody else, the majority of people have nothing against progressive ideas for a more sustainable way of life. Things tend to become less acceptable though if one is asked to suddenly give up personal comforts and conveniences, like in this case, those of modern tourism. It is always other people that should do their bit. **By showing** a boss who suggests his employee cancel his holiday flights, **the cartoonist criticises** those in power especially harshly for their double standards.

Own opinion

I fully agree with the message that we are always quick to promote ideas for bettering the world as long as they do not affect us directly. Only with reluctance do we accept changes that might impinge on our standard of living, be it with regard to our eating habits, private transport or sustainability in general. **Like in the cartoon,** especially those in power, individuals and governments alike, often shift the responsibility of taking measures against climate change to people or states depending on them instead of relinquishing some of their own privileges.

PRÜFUNGSAUFGABEN

Abiturprüfung 2017
Bayern ▪ Englisch

LISTENING COMPREHENSION

Task 1: Alcatraz

Punkte: 18

You will have two minutes to study the tasks below. Then you will hear the recording twice, with an interval of two minutes to complete the tasks. After the second listening, you will have two minutes to finalise your answers.

You are going to listen to an extract from a radio programme about Alcatraz. Fill in the table. You need not write complete sentences.

1 (5)

Alcatraz prison	
size of the island	
two reasons why the prisoners there couldn't be sent anywhere else	• •
job Jolene's father had at the time	
crime originally committed by the escapees	

2 (5)

The escape	
when and how Jolene's father was informed	• •
his reaction the very moment he learnt about the escape	
how the men deceived the guards	
how they got the tools for their escape	

3	**Alan West**		(2)
	what he had to do with the escape		
	what happened to him after the escape		

4	**The sea**		(3)
	what the men used to get away from the island		
	two different items found outside after the escape	• •	

5	**After the breakout**		(3)
	what happened to the escapees		
	what happened to Jolene's father		
	what happened to Alcatraz prison		

Task 2: Ancient Social Media

Punkte: 12

You will have two minutes to study the tasks below. Then you will hear the recording twice, with an interval of two minutes to complete the tasks. After the second listening, you will have two minutes to finalise your answers.

You are going to listen to an extract from an interview in which Fiammetta Rocco from *The Economist* talks to her colleague Tom Standage about his book on the history of social media.

1 Information about Tom Standage. Complete the table. (3)

job	
number of books published	
title of latest book	

2 The essence of social media according to Tom Standage.
Tick the correct answer. (1)

- ☐ exchange of information via the Internet
- ☐ media received from others
- ☐ technologies developed to create a sense of community

3 Communication in Roman times. Fill in the gaps. (2)

In the late Roman Republic, written communication was cheap because of ______________________. What is more, a lot of Romans were able to read and write. So they exchanged a great many letters, in which they often ______________________, thus creating a social media environment.

4 What is the importance of looking into the past according to Tom Standage? Answer the question. (1)

____

5 Social networking throughout history. Fill in the gaps. (3)

Tom Standage claims that social networking both today and in the past is different from centralised mass media such as ______________________________ ______________________________ and also ______________________________ since it ______________________________.

6 The Reformation. Tick the correct answer. (1)

In the Age of the Reformation …

- ☐ ideas were mainly spread by word of mouth.
- ☐ important messages "snowballed" automatically.
- ☐ Luther sent his 95 theses to printers in various towns.

7 Why does Tom Standage mention revolutions at the end of the interview? Tick the correct answer. (1)

- ☐ to highlight the importance of Facebook and Twitter today
- ☐ to explain that the comparison he describes in his book makes sense
- ☐ to complain about the increasing trivialisation of information on the Internet
- ☐ to appeal to young people to use social media sensibly

TEXTAUFGABE

Der Prüfling hat **eine** Textaufgabe seiner Wahl zu bearbeiten.

Text 1 Superhighway to Cycling Heaven – or Just a Hell of a Mess?

They are "doing more damage to London", said the former chancellor Lord Lawson in the House of Lords, "than almost anything since the Blitz". In the same spirit of absurdist hyperbole, they might be said to be the most transformative public works since Joseph Bazalgette[1] built London's sewers and river embankments. They are not, but they do have the potential to change the spirit and character of the capital and of other cities that follow the same path, as well as making its transport cleaner, healthier, safer, more efficient and better able to deal with growing pressure of numbers. They might even prove that the city's former mayor Boris Johnson was capable of doing something right.

"They" are the cycle superhighways, the most conspicuous of several measures promoted under Johnson. They add up to an unprecedented plan, which is to make the sprawling, awkward, inconsistent city of London bike-friendly. The places most often cited for the exemplariness of their cycling provision – Amsterdam, Copenhagen, more recently Manhattan – were already more ordered, compact and coherent in their layout. In London, the street pattern changes moment by moment, straight to winding, leafy to truck-thronged, wide to narrow.

This in turn reflects the politics of the city, in which power is diffused among its 32 boroughs, plus the City of London, each with its own identity and attitudes. The city's mayors, for all their ability to attract headlines, have limited means to enforce their will. The superhighway network therefore has to deal with the fact that the royal borough of Kensington and Chelsea doesn't want them on its land, meaning there will be a highway-free void in the middle of the capital. In the City, meanwhile, the impatient, assertive people who work for the financial industry won't wait long for the red man to turn green, which means they don't take well to the elaborate multi-phase traffic lights, at which bikes, cars and pedestrians must patiently wait their turn.

Andrew Gilligan, the journalist who became Johnson's cycling commissioner in 2013, says that "a lot of councils are really cowardly" and that while majorities usually support cycling schemes, local politicians are easily impressed by vocal minorities. In Kensington and Chelsea, he says, it only needed 15 objections from residents for one proposal to be stopped. It therefore required Johnson's "leadership" and investment of "significant political capital" to make anything happen. […]

Cycling infrastructure, as commonsensical and humdrum as it might seem, is not just about engineering. It is political, cultural and social. It has to reconcile territorial disputes between people on bikes, people in vehicles and people on foot and between different kinds of cyclist. It can take on aspects of class conflict, in which drivers sometimes cast themselves, counterintuitively, as underdog victims of a two-wheeled elite. It obliges choices as to what kind of city its citizens and politicians want, with what balance of public benefits and private freedoms and for whom. […]

The route, called the east-west cycle superhighway, is contentious. Taxi drivers hate it. It affects the car-bound journeys of people of power and influence […]: Gilligan says that Boris "kept being harassed by MPs, colleagues plucking at his sleeve and complaining that their drive from wherever had got longer by so many minutes". […]

The logic, says Gilligan, is that London is facing ever more demand for transport and that encouraging bicycle use is the best way to meet this demand. Building more roads on the congested and high-priced land is physically and politically unfeasible. Expanding the underground network is slow and expensive. A cycling commuter takes up much less space than one in a car, which rather obviously means that they use the existing roads more efficiently. Cycling has the added benefit of reducing pollution and benefiting the health of participants, at least of those who don't get injured.

What stops more people riding bikes is danger and the perception of danger. […] The idea of superhighways and allied measures is both to *be* safer and to *feel* safer, so that more cautious cyclists will venture out. Few school runs are made by bike and campaigners want to change this.

In its current state, the incomplete system imperfectly achieves these aims. The Embankment[2] stretch is mostly glorious – "Just before it opened I had trucks snarling down my back," says one user. "Afterwards, I could chat to a colleague as we went along" – but it unravels into confusion at its end. Elsewhere, the network can be inconsistent and bewildering. Municipal sphinxes have left riddling signs that have to be interpreted at speed: turn-right-give-way-cross-turn-left, turn right in two phases only, go left in order to go right. Inscrutable numbers and symbols refer to a higher concept that is imperfectly explained.

There is a plethora[3] of special conditions, works of intellectual ingenuity that as soon as comprehended change into something else. You have to decipher which half-defaced cycle logo on the pavement and which little blue sign is telling you where to go and how to behave in relation to pedestrians. They, also confused, may swear at you in the belief that you are encroaching on their space. At some point on an unfamiliar route you are likely to lose the thread and find yourself discharged into the hostile realm of HGVs[4]. It resembles an old-fashioned board game: go back three spaces, throw a double to avoid the Dark Forest or a six to find the Magic Bridge. […]

There is a strong suspicion that Boris Johnson rushed through his cycling plans in order to claim credit before his mayoralty expired, with the combination of self-aggrandisement and inattention to detail that typified his other grand projects. There are indeed glitches. […] But, given the blind unreason of Lord Lawson, and the capacity for obstruction offered by the complexities of improving cycling in London, this is an occasion to be grateful for his gung-ho[5] spirit. *(981 words)*

From: Rowan Moore, "Superhighway to Cycling Heaven – or Just a Hell of a Mess?", https://www.theguardian.com/lifeandstyle/2016/aug/07/london-cycle-superhighways-heaven-or-hell, August 7, 2016, Copyright Guardian News & Media Ltd 2018

Annotations

1	Joseph Bazalgette	19th-century English civil engineer
2	Embankment	road and river-walk along the Thames in central London
3	plethora	*(formal)* very large number
4	HGV	heavy goods vehicle
5	gung-ho	*here (informal):* extremely eager to do sth

Questions on the text **Punkte: 50**

Answer the following questions using your own words as far as is appropriate. Quote correctly.

1 Describe the cycle superhighway project and its aims. (10)

2 Outline the reactions to the project and the problems involved. (20)

3 Examine how the writer uses language in the headline and the first two paragraphs to arouse the reader's interest as well as to reveal his own attitude. Give four examples. (20)

Composition **Punkte: 40**

Choose **one** of the following topics. Write about 200 to 250 words.

1 It is the state's responsibility to make its citizens behave in an environmentally friendly manner. Do you agree?

2 "Life is like riding a bicycle. To keep your balance you must keep moving." (Albert Einstein, 1879–1955, physicist)
Comment on this statement.

3 It should be illegal to make journeys of less than two miles by car. Discuss.

4 Describe, interpret and comment on the following cartoon.

WE'LL ALL GO OUR OWN WAY HOME

(first published around 1934 in the *Northampton Chronicle and Echo*)

From: www.voleospeed.co.uk

Text 2 Prospect Park

The following text is taken from Teacher Man, *which is set in New York in the 1960s.*

Sal Battaglia smiled every morning and said, Hi, teach. Sal sat with his girlfriend, Louise, and looked happy. When they held hands across the aisle everyone walked around them because it was understood this was the real thing. Someday Sal and Louise would be married and that was sacred.

Sal's Italian family and Louise's Irish family didn't approve, but at least the wedding would be Catholic and that was OK. Sal joked to the class his family worried he might starve to death with an Irish wife on account of how the Irish can't cook. He said his mother wondered how the Irish survived at all. Louise spoke up, said they could say what they liked, but the Irish had the most beautiful babies in the world. Sal blushed. Cool Italian, nearly eighteen, with the mass of black curly hair, actually blushed. Louise laughed and we all laughed when she reached across the aisle to touch the redness of his face with her delicate white hand.

The class went quiet when Sal took her hand and kept it against his face. You could see his eyes glistening with tears. What came over him? I stood with my back to the blackboard, not knowing what to say or do, not wanting to break the spell. At a time like this how could I go on with our discussion of *The Scarlet Letter*[1]?

I went behind my desk, pretended to be busy, silently took the attendance again, filled out a form, waited for the bell to ring in ten minutes, watched Sal and Louise leave, hand in hand, and envied them the way everything was laid out. After graduation there would be an engagement. Sal would become a master plumber, Louise a legal stenographer, the highest you can go in the secretarial world unless you got the crazy notion to become a lawyer. I told Louise she was bright enough to be anything, but she said no no, what would her family say? She had to earn a living, get ready for her life with Sal. She'd learn Italian cooking so she wouldn't be beholden all the time to Sal's mother. A year after the wedding a baby would appear, a little round well-fed Italian-Irish-American baby and that would bring the two families together forever and who cared what countries their parents came from.

None of that happened because of an Irish kid who went after Sal in a Prospect Park[2] gang rumble and clobbered him with a two-by-four[3]. Sal didn't even belong to a gang. He was just passing through delivering an order from the restaurant where he worked nights and weekends. He and Louise knew these gang wars were stupid, especially with the Irish and Italians, who were all Catholic and white. So why? What was it all about? Something called turf, territory, even worse, girls. Hey, get your guinea[4] hands off my girl. Get your fat mick ass out of our neighborhood. Sal and Louise could understand rumbling with the Puerto Ricans or the Negroes, but not one another, for Christ's sakes.

Sal returned wearing a bandage to cover his stitches. He swung over to the right side of the room, well away from Louise. He ignored the class and no one looked at him or spoke to him. Louise took her old seat, tried to catch his eye. She turned toward me as if I had answers or could fix things. I felt inadequate and indecisive. Should I go back there, squeeze her shoulder, whisper encouraging words about how Sal would get over this? Should I go to Sal, apologize for the Irish race, tell him you can't judge a whole people by the actions of one lout in Prospect Park[2], remind him Louise was still lovely, still loved him?

How are you supposed to discuss the conclusion of *The Scarlet Letter*[1], the happy end for Hester and Pearl, with Louise sitting a few rows back, her heart broken, Sal staring straight ahead ready to murder the first Irishman to cross his path?

Ray Brown raised his hand. Good old Ray, always stirring the pot. Hey, Mr. McCourt, how come no Negroes in this book?

I must have looked blank. Everyone but Louise and Sal laughed. I don't know, Ray. I don't think they had Negroes in old New England.

Sal jumped from his seat. Yeah, they had Negroes, Ray, but the Irish killed them all. Snuck up behind them and busted their heads.

Oh, yeah? said Ray.

Yeah, said Sal. He picked up his bag, walked out, made his way to the guidance office. The counselor told me Sal asked for a transfer to Mr. Campbell's class, who at least wasn't Irish, and didn't have that stupid accent. You could never imagine Mr. Campbell hitting you from behind with a two-by-four[3], but, That McCourt. He's Irish and you can never trust those sneaky bastards.

I did not know what to do about Sal. It was three months to graduation and I should have tried to talk to him but I was unsure of what to say. In the school hallways I often saw teachers comforting kids. Arm around the shoulder. The warm hug. Don't worry, everything will be OK. Boy or girl saying thank you, tears, teacher squeezing shoulder one last time. That's what I wanted to do. Should I have told Sal I was not a two-by-four-wielding[3] lout? Should I have insisted on telling him how unfair it was to make Louise suffer for the actions of someone who was probably drunk? Oh, you know how the Irish are, Sal. And he would have laughed and said, OK, Irish have that problem, and made up with Louise. *(951 words)*

Annotations

1	*The Scarlet Letter*	novel by Nathaniel Hawthorne, set in 17th-century Boston
2	Prospect Park	public park in Brooklyn
3	two-by-four	piece of wood cut to be long and straight
4	guinea	*here:* offensive word for Italian

Questions on the text **Punkte: 50**

Answer the following questions using your own words as far as is appropriate. Quote correctly.

1 Examine Sal and Louise's relationship, their plans for the future and the reactions of the people around them, as laid out in the first part of the text. (20)

2 Describe the event that changes everything and outline Sal's and Louise's behaviour in its aftermath. (10)

3 Analyse what we learn about the teacher and how he is portrayed, taking into consideration narrative perspective, language and style. (20)

Composition **Punkte: 40**

Choose **one** of the following topics. Write about 200 to 250 words.

1 Never marry someone your parents do not approve of. Do you agree?

2 "Education's purpose is to replace an empty mind with an open one." (Malcolm Forbes, 1919–1990, US publisher)
Comment on this statement.

3 Describe the way a conflict with far-reaching consequences is dealt with in a literary work by an English-speaking author.
Write a review for an English edition of your school magazine.

4 Describe, interpret and comment on the following advert.

Enlargement:

From: https://chrisnsue.wordpress.com/2010/02/

MEDIATION

Aufgabenstellung

Punkte: 40

Sie nehmen an einem internationalen Schulprojekt teil, das aktuelle gesellschaftliche Trends thematisiert. Die Teilnehmerinnen und Teilnehmer stellen die Ergebnisse ihrer Recherchen auf der Webseite des Projektes vor.

Verfassen Sie auf der Grundlage des Textes einen englischsprachigen Artikel von ungefähr 250 Wörtern mit der Überschrift *„Trends in consumer behaviour“*.

Stellen Sie dar,

- wie man in Deutschland verpackungsfrei einkaufen kann,
- welchen Grad an Akzeptanz verpackungsfreies Einkaufen hat,
- welche Trends und Umstände dem verpackungsfreien Einkauf entgegenstehen.

Text **Verpackungsfreier Einkauf? Nicht mit den Deutschen**

In mehreren Großstädten tauchen fast gleichzeitig Geschäfte auf, die nur unverpackte Lebensmittel anbieten. Müllvermeidung ist wieder in Mode. Doch wirklich konsequent sind die Deutschen dabei nicht. [...]

Im Februar eröffnete die Französin [Marie Delaperrière] in Kiel einen 60 Quadratmeter kleinen Krämerladen mit dem Namen „Unverpackt“. Die Werbetafel über dem Eingang verspricht Waren, die „lose, nachhaltig und gut“ sind. An einen klassischen Supermarkt erinnert hier rein gar nichts. Es gibt weder marktschreierische Verkaufsverpackungen noch bunte Schriftzüge, weder hochglanzfotografierte Serviervorschläge noch knisterndes Zellophan. Keine Verlockung, keine Verführung, nur nackte Ware. Körner, Linsen, Salz, Mehl, Kaffee, Tee, Schokodrops und Gummibärchen – alles in neutralen Schütten. Selbst Seife, Öl, Essig und Spülmittel werden in Spendern angeboten. Wer etwas kaufen will, kann es in die angebotenen Einweckgläser und Pfandflaschen mit Bügelverschluss abfüllen. Oder man bringt eigene Behältnisse selbst mit und lässt sie vor dem Einkauf wiegen. Bezahlt wird an der Kasse nach Gewicht. Das allerdings dauert. Sind die Menschen wirklich bereit, so einen Aufwand regelmäßig auf sich zu nehmen?

Die Statistik sagt: nein. Zwar ist das Verpackungsaufkommen in Deutschland insgesamt rückläufig. Das Umweltbundesamt jedenfalls meldet ein Minus von 277 Millionen Tonnen zwischen 1991 und 2011, dem Jahr mit den bislang jüngsten verfügbaren Zahlen. „Trotzdem trügt der Eindruck nicht, dass es heute deutlich mehr Einwegverpackungen gibt", sagt Gerhard Kotschik, der Verpackungsmarktexperte der Dessauer Behörde[1]. Vor allem der Kunststoffverbrauch ist deutlich in die Höhe geschnellt – um fast eine Milliarde Tonnen. Die Mengenrückgänge stammen allein aus den Bereichen Glas und Weißblech, was nicht zuletzt mit der Einführung des Dosenpfands zu tun hat.

„Zudem werden Verpackungen immer leichter, das verzerrt die Statistik", sagt Kotschik, dessen Behörde erst kürzlich eine Tagung zum Thema Abfallvermeidung veranstaltet hat. Der Titel: „Wider die Verschwendung".

Allen Nachhaltigkeitstrends und Umweltreformen zum Trotz wird die Zahl der Einwegverpackungen daher auch in den kommenden Jahren ansteigen, prognostizieren Experten. Zumal fast alle Trends rund um das Verbraucherverhalten auf das Gegenteil von Verpackungsverzicht hindeuten. „Die Auflösung fester Mahlzeiten, die Vereinzelung der Gesellschaft, der Zeitmangel – all das führt eher zu einem immer größeren Verpackungsaufwand", sagt zum Beispiel Hans-Joachim Karopka, Geschäftsführer beim Marktforschungsinstitut Rheingold. Vorgefertigte Salate samt Plastikbesteck, Kaffee in kleinen Plastikkapseln und Miniatur-Duschgel für unterwegs sind Ausdruck dieser Entwicklung.

Zugleich habe Verpackung eine Inszenierungsfunktion. Welche Marke jemand raucht, welchen Energydrink man trinkt, das soll zeigen, was für ein Mensch man ist. Dieser Mechanismus könne zwar punktuell auch bei Kunden verpackungsfreier Läden funktionieren, glaubt Karopka. „Sie können damit nach außen demonstrieren, dass Sie auf Nachhaltigkeit Wert legen", sagt der Experte. Doch er bezweifelt, dass viele Menschen bereit sein werden, mit 20 oder 30 Leergebinden[2] zum Wocheneinkauf aufzubrechen.

Marie Delaperrière hat einen anderen Eindruck. Immerhin 50 Kunden habe sie im Durchschnitt pro Tag. „Die Leute sind begeistert von dem Angebot, weil sie von der ganzen unnötigen Verpackung einfach übersättigt sind", sagt die Ladeninhaberin. […]

„Es gibt immer weniger ideologisch motivierte Verbraucher, die ausschließlich bio und nachhaltig einkaufen – vier bis acht Prozent vielleicht", sagt die Bereichsleiterin [Susanne Eichholz-Braun vom Institut für Handelsforschung in Köln]. Dafür wachse die Gruppe der Käufer, die mehr oder weniger nach Lust und Laune mal nachhaltig shoppe und dann wieder auf konventionelle Kost zurückgreife. Das zeigt sich auch bei den Verpackungen. Auf der einen Seite sind die deutschen Verbraucher Weltmeister im Mülltrennen und predigen in Umfragen den Verzicht, gleichzeitig aber kaufen sie immer mehr verpackungsintensive Convenience-Produkte. Und sie bestellen viel und fleißig bei Online-Shops wie Amazon und Zalando, die sämtliche Waren mit viel Pappe und Folie transport- und stoßsicher umhüllen müssen. [...]

Für den Handel sind Verpackungen ebenfalls praktisch. Sie halten die Läden sauber, schützen die Ware und machen sie unverwechselbar. Bei der Supermarktkette Rewe wird darüber hinaus auch die Schutzfunktion von Verpackungen hervorgehoben. Und die Unverwechselbarkeit. Deshalb sind bei Rewe in der Obst- und Gemüseabteilung ausgerechnet Bio-Produkte extra eingeschweißt. „Nur so kann gewährleistet werden, dass der Bio-Käufer auch tatsächlich Bio-Ware bekommt", erklärt ein Sprecher. Ohne zusätzliche Verpackung könne es schnell dazu kommen, dass konventionelle Gurken und Bio-Gurken von den Kunden durchmischt werden. [...] *(654 Wörter)*

Quelle: Carsten Dierig/Steffen Fründt, „Verpackungsfreier Einkauf? Nicht mit den Deutschen", in: http://www.welt.de/128454980, 28. 05. 2014
Bild: © unverpackt Kiel

Annotationen

1	Dessauer Behörde	Umweltbundesamt; Sitz in Dessau
2	Leergebinde	leere Gefäße

Lösungsvorschlag

LISTENING COMPREHENSION

Transcript 1 Alcatraz

Female reporter: On June 11, 1962, a prison breakout took place from Alcatraz, America's most infamous maximum security jail. The three inmates were never found and what happened to them remains a mystery. Jolene Babyak lived on the prison island as a teenager and has been talking to Ashley Burn about the day of the escape.

Ashley Burn: Sitting on a 12-acre rock, marooned in the middle of the bay of San Francisco, just a short boat ride from the bright lights of the city, Alcatraz was one of the most notorious prisons in the world. It was the prison no one could escape from.

Male reporter: Over 30 years, at one time or another, it's housed more than 1,500 of America's toughest criminals. Many were sentenced to spend the rest of their lives here. They couldn't be sent anywhere else. They were considered either too violent, too influential in the underworld, or simply too expert at escaping.

Ashley Burn: But 51 years ago, three men did manage to escape. In June 1962, 60 staff families lived in the shadow of the prison along with 75 children. One of them was Jolene Babyak, who was 15 at the time. Her father had just become acting governor of the jail, and was in charge on the night of the breakout. Alcatraz was certainly a tale of two worlds. Just a few buildings away from where Jolene and her father were enjoying an evening in front of the television, inmates were getting ready for bed.

Jolene Babyak: They'd been in their cells since about five o'clock, and 9.30 was lights out. And it would be presumed that everybody would settle down for the night.

Ashley Burn: Unbeknown to Jolene or her father, three of the inmates, armed robbers Frank Morris and brothers John and Clarence Anglin, had not settled down for the night. They were attempting an escape which would go down in American penal history. But it wasn't until the next morning that anyone realised they were gone.

Jolene Babyak: He reached to the phone with dread because he knew it wasn't going to be good news. No one would call at 7.15 in the morning. It was the island phone, which was the prison phone. He issued a swear word and walked out of the house and got into the car that was ready for him and took him up top.

Ashley Burn: Jolene's father immediately triggered the island alarm.

Jolene Babyak: So I was shocked and, you know, my first thought was, that can't be an escape attempt. And of course, it was.

Ashley Burn: It later emerged the men had foiled prison guards by creating papier mâché dummies.

Jolene Babyak: It was estimated that they left about 10.15 to 10.45 because there were two noises heard on the cell-house about that time (and) but they weren't discovered missing of course until seven o'clock the next morning when the dummies didn't stand up and light up a cigarette and get counted.

Male reporter: Three men loosened the ventilation grills at the back of their cells with stolen spoons. They squeezed out into this corridor and climbed up the maze of pipes and rafters into the roof 30 feet above. Here they cut off the bolts securing an air vent and wriggled out into the night.

Ashley Burn: It soon became clear that four men, and not three, had been part of the escape attempt, but one, Alan West, failed to get out of his cell.

Jolene Babyak: He was interviewed by my dad, he was interviewed by the FBI, and he was probably re-interviewed by the FBI. You know, they (they) worked on him. He told a lot of details. He didn't rat anybody out.

Ashley Burn: It emerged the trio had actually escaped in a homemade raft, and as the air, sea and land search of the area continued, people began to report finding things they thought were significant.

Jolene Babyak: There were two lifejackets found. One on the ocean, one on the bay and there was a paddle found and they all matched the material that was left behind for West.

Ashley Burn: What actually happened to the men that night remains a mystery, but Jolene says that by 10.30 the sea would have been a tough one to battle. Most bodies that drown in the bay eventually float up to the surface, but in this case not one of the bodies emerged. All three simply vanished. The stress of the escape and its aftermath took its toll on Jolene's father, who'd been the acting governor that night. Just a few months later he suffered a heart attack. Alcatraz prison closed nine months after the escape, in the spring of 1963, and Jolene and her parents moved back to the mainland, her father taking up a post at a minimum security institution.

Source: http://www.bbc.co.uk/programmes/p0199y2q, 22. 06. 2013

TIPP

Please note: You only have two minutes to read the questions for each of the two listening texts. You should still take your time to look up essential words you do not know (e. g. possibly "deceived" or "snowballed") as you cannot use your dictionary while listening to the audio files. There are some tasks which ask only for some of the information given, not all of it. Choose the aspects you understood best. You are not required to write complete sentences. Spelling and grammatical errors only count if they distort the meaning.

1	**Alcatraz prison**	
	size of the island	**12 acres**
	two reasons why the prisoners there couldn't be sent anywhere else	*zwei aus:* • **too violent/tough** • **too influential in the underworld** • **too expert at escaping**

job Jolene's father had at the time	**(acting) governor (of the jail)**
crime originally committed by the escapees	**armed robbery**

2	The escape	
	<u>when</u> and <u>how</u> Jolene's father was informed	• **7.15 a.m./the next morning** • **phone call/prison phone**
	his reaction the very moment he learnt about the escape	**He issued a swear word/swore.**
	how the men deceived the guards	**They used (papier mâché) dummies.**
	how they got the tools for their escape	**They stole them/spoons.**

3	Alan West	
	what he had to do with the escape	**He wanted to escape, too, but failed to get out of his cell.**
	what happened to him after the escape	**He was interviewed by Jolene's father and the FBI/the authorities.**

4	The sea	
	what the men used to get away from the island	**(homemade) raft**
	<u>two</u> different items found outside after the escape	• **(two) life jacket(s)** • **paddle**

5	After the breakout	
	what happened to the escapees	**Nobody knows./They vanished./ It remains a mystery.**
	what happened to Jolene's father	**He suffered a heart attack (a few months later)./He was transferred to another (minimum/low security) prison.**
	what happened to Alcatraz prison	**It was closed.**

Transcript 2 Ancient Social Media

Fiammetta Rocco: For those of you who thought that social media was something that stretched back a few years, perhaps only to the invention of Facebook, you couldn't be more wrong. With me today is our digital editor Tom Standage to talk to us about his new book, his sixth book in fact, *Writing on the Wall*. Tom, you say social media goes back 2,000 years. That sounds unbelievable.

Tom Standage: Yes, of course it depends how you define social media. If you think it's something you can only do on the Internet, then obviously you can't have Romans doing it. But what I think social media, what's important about it is that it's media you get from other people and this allows you to create a distributed discussion or community. And you don't need a digital network to do that and there have been previous technologies that have allowed people to use the sharing of media, along social networks to create these sort of distributed communities and so I went back and looked at them in history to see what they could tell us about social media today and the earliest example I could find was in the late Roman Republic. And this is because for Romans, copying and delivering information was very cheap. It's cheap for us today because of broadband, it was cheap for them because they had slaves to do it. And it – also a moderately literate bunch. And so you get this phenomenon and you see it very clearly in the letters of Cicero that he and the other members of the Roman elite are all writing to each other very frequently and copying each other's letters, and quoting their letters, and it all just looks like a social media environment, because it is.

Fiammetta Rocco: What gave you the idea of doing this book?

Tom Standage: Well it came out of, when I was made digital editor at *The Economist*, and I went back and you know, I'm a great believer in the idea that one of the best ways to look at the future is to look at the past first, and so I went back and read around the history of news to sort of get a wider perspective on the transition that media organisations, including *The Economist*, are going through, and I was very struck by the way in which there was a social component to the way news spread for centuries. Actually, the idea that you have these big, centralised machines, printing presses, radio transmitters, and so on, is very recent, whereas the two-way conversational approach, which we see now on social media on the Internet is actually the way things were done before, with pamphlets in coffee houses, with the circulation of manuscript newsletters, with scribal transmission as it's called, going all the way back as far as the Romans.

Fiammetta Rocco: Tell us about some of the other examples that you found.

Tom Standage: Well it turns out that there are lots of examples of these social media ecosystems, so after the Romans, if you look, say, at the period of the Reformation and the way Luther used pamphlets to spread a message, he realised that if he just put a message into circulation, and it's happened by accident, with his 95 theses, the printers in each town would print it, and it would travel to the next town, and the printers would reprint it, and Luther didn't have to do anything for this message to spread because the audience out there thought that it was important enough to spread on their own and there are lots of other examples. […]

Fiammetta Rocco: You talk about these things as being very similar; papyrus, writing tablets, pamphlets, social media, but, I mean, isn't the Internet fundamentally different from this?

Tom Standage: Well, the analogy isn't perfect. The social media that we have today on the Internet obviously is global, it's instant, it's searchable, it may be permanent. We're not clear actually how permanent it is and those things are not true of the earlier forms of social media. That said, though, I think the analogy is close enough to be informative because we see many of the same reactions; the idea that when you expand access to publishing, it trivialises discourse; the idea that participating in a social media system is a waste of time turns out to be a timeless complaint as well; speculation about the role that social media plays in starting revolutions and getting social movements going, all of these turn out to be things that have been questions raised by previous forms of social media, so that's why I think it's worth looking at them. Even if they're not precisely like the Internet today, they're close enough that we can learn from them.

Fiammetta Rocco: Tom, thank you.

Source: http://www.economist.com/blogs/prospero/2013/10/tom-standage-ancient-social-media

1

job	**digital editor**
number of books published	**six**
title of latest book	***Writing on the Wall***

2 ✓ media received from others

3 In the late Roman Republic, written communication was cheap because of **slaves**. What is more, a lot of Romans were able to read and write. So they exchanged a great many letters, in which they often **copied (from)/quoted each other**, thus creating a social media environment.

4 It's one of the best ways of looking into the future/getting a wider perspective.

5 Tom Standage claims that social networking both today and in the past is different from centralised mass media such as **newspapers (printing presses***) and also **radio programmes (radio transmitters***) since it **is a two-way approach/works in two ways**.

* "Printing presses" and "radio transmitters" are not really "mass media". Yet, they can be counted as acceptable answers since they are mentioned in the text, in contrast to the actual mass media products "newspapers" and "radio programmes", produced or spread with their help.

6 In the Age of the Reformation …

✓ important messages "snowballed" automatically.

7 ✓ to explain that the comparison he describes in his book makes sense

TEXTAUFGABE

Text 1 **Superhighway to Cycling Heaven – or Just a Hell of a Mess?**

Questions on the text

1 **TIPP**

Dealing with this task, you should bear in mind that it will earn you a maximum of 10 BE and that the second question deals with the reactions and problems. Therefore, restrict your answer to a description of the project and its aims, even if there are not too many details in the text.

In his article "Superhighway to Cycling Heaven – or Just a Hell of a Mess?", Rowan Moore discusses a cycling infrastructure initiative in London. The contentious project of building a network of bicycle "superhighways" in London was advocated by Boris Johnson, the then mayor of the British capital (cf. ll. 7–11). The idea behind it is to foster cycling (cf. ll. 11/12) in a city marred by far too much traffic. As a cheap, fast and viable solution in comparison to building more roads or underground lines (cf. ll. 44–46), it seems a smart answer to London's ever-increasing demand for more transportation (cf. ll. 43/44). Using one of these highways is safer for cyclists than competing for space on congested roads (cf. l. 51). What is more, if cycling feels safe, people will actually go to work or to school by bike in far greater numbers than they do now (cf. ll. 51–53). This will make London's population healthier and reduce pollution in the capital (cf. l. 6, ll. 48/49).

2 **TIPP**

This task involves both the reactions to and the problems of the cycle superhighways. Make sure you find all the relevant information which is spread across the article, and give your answer a coherent structure. The following solution first sums up the reactions, then tackles the problems that have to do with the scale of the project and the political background of London. In the last paragraph, it discusses the problems that came up as a consequence of its actual realisation.

The cycle superhighways are obviously greeted with varying reactions depending on whether the people concerned profit or suffer as a result of the project. While cyclists appreciate both the safety and the comfort of cycling on separate tracks (cf. ll. 55–57), car users like taxi drivers (cf. ll. 39/40) and commuters – among them some of Mayor Johnson's fellow MPs – whose routes are slowed down by the cycling programme (cf. ll. 40–42) criticise it. When cyclists end up sharing what seems to be the pedestrians' rightful stretch of the road, conflicts arise (cf. ll. 65/66). The complex traffic lights

system, with separate lights for pedestrians, cyclists and car drivers, is a further nuisance for many impatient road users (cf. ll. 22–25).
Some of these negative reactions can be traced back to the initial difficulty of the task. The incoherent street pattern of London made the realisation of a widespread network of cycling tracks which does not interfere with the road infrastructure extremely difficult (cf. ll. 11–16). The political structure of the city also stood in the way of the project. The capital is organised in 32 boroughs and the City of London, each with their own council and local political interests, which impede larger projects involving the whole city (cf. ll. 17–20). Some "cowardly" (l. 27) borough councils, like that of Chelsea and Kensington, decided against participating (cf. ll. 20–22), discouraged by "vocal minorities" (l. 28) campaigning against the scheme (cf. ll. 28–30). Politicians were also afraid that their support for cycling was considered elitist and against the interests of the ordinary man on the street or rather behind the wheel (cf. ll. 35/36).
Some of the problems of the highways are due to the fact that the system is still incomplete (cf. l. 54) and not thoroughly thought through (cf. ll. 70–73). Mayor Boris Johnson appears to have wanted the scheme in place – and his name associated with it – before he was out of office (cf. ll. 70–72) so that some details were not treated with the attention necessary. This lack of care has led to road signs confusing the cyclists (cf. ll. 58–61) who in the worst case end up on a road amid the heavy traffic the project is designed to avoid (cf. ll. 66–68).

3 **TIPP**

While it may be easy to find a couple of stylistic devices in the headline and opening paragraphs of the article, make sure you relate your findings to the second aspect of the task, i. e. arousing the reader's interest and revealing the author's attitude. This solution follows a chronological approach, but first discussing the linguistic features to stir the reader's interest and then those revealing the author's viewpoint would be just as good. The following answer contains more than four examples, so your solution may be shorter or elaborate more on single aspects of the text. However, you should make sure that you mention both devices which catch the reader's attention and those revealing the author's attitude. Another stylistic device you may refer to in your solution is the rhetorical question in the headline, a very common device which is often used to catch the attention of the reader.

The headline of the article immediately catches the reader's attention as it includes the antithesis of heaven and hell alluding to two pop songs: Led Zeppelin's "Stairway to Heaven" and ACDC's "Highway to Hell".
The emotional nature of the topic is further stressed in the first paragraph when Moore quotes Lord Lawson's hyperbolic statement of the project being more detrimental "than almost anything since the Blitz" (l. 2), to which he adds his own "absurdist hyperbole" (ll. 2/3), comparing the project to the construction of London's sewage system and its

embankments (cf. ll. 2–4). These ridiculous exaggerations show that people are passionate about the topic, which makes the article potentially interesting to the reader. Poking fun at its critics by using such exaggerated comparisons also reveals the author's support for the project, which he expresses even more explicitly by considering the project to be the only reasonable proposal of an allegedly otherwise incapable mayor (cf. ll. 7–9). This stance is underlined by the climactic enumeration of positive adjectives referring to the scheme (cf. ll. 6/7). By repeatedly using "they" (ll. 1, 3–5 and 7) in the opening sentences of the first paragraph and by concealing what he is actually talking about until the second paragraph, the author creates suspense.
In the second paragraph, Moore tries to lure the reader into continuing to read the article by colourfully illustrating the scale of the task, i. e. the construction of the cycle superhighways in London. He does so quite vividly using different stylistic devices: thus, he contrasts "sprawling, awkward, inconsistent" (l. 12) London with "more ordered, compact and coherent" (l. 14) Amsterdam, Copenhagen and Manhattan (cf. ll. 13/14), once again using both enumeration and antithesis. In the final sentence of the second paragraph, he highlights the difficulty of such a project in London by describing the unpredictability of its street layout (cf. ll. 15/16).

Composition

1 **TIPP**

The task requires you to give your opinion. You can therefore either argue in favour of or against the statement or be neutral. You might want to ask the teachers who mark your Abitur about their expectations for tasks like this one.

1 title of Al Gore's book and film on climate change

An inconvenient truth[1]

Eating less meat is a feasible idea to reduce your carbon footprint. Yet, to have a positive impact on the environment, many need to moderate their appetite for animal protein. Suggesting state interference with what you have on your plate, however, is political suicide, as the German Green Party found out when they proposed a "Veggie Day" in canteens. The same is true for political measures to curb the unrestricted use of automobiles in our country.
With regards to global warming, the extinction of countless species, the pollution of our oceans and similar man-made disasters, environmental protection has become an undeniable necessity. Everyone is individually responsible for their actions. However, one person alone will not make a difference. Ceasing to eat fresh tropical fruit flown in from Brazil or not flying to New York for a shopping weekend will only reduce your own comfort without yielding long-term positive results.
The markets have reacted to this problem: they offer green consumer goods, promising comfort without remorse. Many of these products, like green SUVs, however, are only environmentally friendly by name. As CEOs are more interested in turnover than in

protecting our planet, this should not be surprising. So, trusting them with solutions for the environment is naïve. The recent scandal about manipulated emission tests for diesel cars unambiguously demonstrated this.
This illustrates quite clearly that only the state can induce a change in the behaviour of its citizens, however unpopular any single regulation might be. And what's more: that is its job. Physical integrity is a human right. Every human being is entitled to air, water and food which do not make one sick. The government has to make sure that everyone gets that.

2 **TIPP**

Comments on quotes can be tricky. Famous and clever people like Einstein are usually right, but that does not make for a good composition. You need some interesting thoughts that go with the quotation. In addition, you need to give your text a coherent structure.

Running to stand still

Children learn so much without even thinking about the scale of their achievement. They learn to talk and walk, to read and write. Many also learn to ride a bike, of course. At first, cycling seems impossible; to go against the laws of physics: how can you stand on two wheels without falling over? Movement is the answer and children usually grasp this quite quickly.
Life is similar. "To keep your balance you must keep moving," Albert Einstein said, and right he was.
Just like riding a bicycle, stumbling in life hurts, either literally if you have an accident or metaphorically if you have to suffer a setback or defeat. Some of those mishaps are probably inevitable. Still, your life would be happier if you managed to reduce the number of accidents to a minimum. But how?
Einstein suggests movement, yet he does not refer to running (or cycling) around all the time, but to mental flexibility. A successful, balanced life makes it necessary to leave certain old and possibly cherished traditions behind to enable progress. You can only remain happily in balance if you are willing to adapt and advance.
Even though loose chippings or aggressive drivers on the roads sometimes make it appear desirable to get off your bike, learning to keep moving is a priceless lesson not just for children and especially not just concerning cycling.

3 **TIPP**

It is quite obvious that driving a car without needing to do so is not a good idea. However, you should make sure that you do not merely discuss the pros and the cons of taking short trips by car, but come up with arguments for and against a law prohibiting these short trips.

There's a better way

Inner city traffic has become a serious problem, not only because it has been revealed that cars today emit more pollutants than we were previously made to believe. There are simply too many cars producing too much pollution.

It is more than obvious that trips shorter than two miles can easily be made by bike or bus or even on foot. Walking or cycling to the bakery to get fresh bread on a Sunday morning is not just more environmentally friendly, it is also healthier, cheaper and often even faster than going by car. As some people still insist on using their carbon dioxide emitting vehicles, a law forbidding this sounds like a viable idea at a superficial glance.

Numerous examples of regulations changing people's behaviour illustrate that legal measures are indeed necessary. We would not be using seatbelts or LED light bulbs if there were not laws forcing us to do so. These examples clearly show that appealing to people's reason and sanity is often a lost cause.

Yet, in spite of all the technological devices integrated into modern cars, controlling the exact distances travelled seems impossible, unless every trip were reported to a central agency which could then charge fines for journeys which are too short. Apart from the legal problem of constantly monitoring people's movements, it would instigate people to take detours, which would be the exact opposite of the original aim of the measure.

Furthermore, while one might be able to sell the measure to Londoners, whose underground arrives every five minutes, people in the countryside with infrequent or non-existent public transport would feel disadvantaged. Additionally, exceptions would be necessary for people with disabilities, which further illustrates the fact that such a regulation would not affect everyone equally.

Therefore, I do not think that banning short journeys by car makes any sense, even if the aim of reducing that kind of traffic is commendable. It would be far better to offer more attractive alternatives, such as giving bicycles more room on city streets and making public transport cheaper, faster and more reliable.

4 **TIPP**

This cartoon is quite detailed, so do not lose yourself in the description. A well-balanced answer should include three paragraphs of more or less equal length dealing with the description, the interpretation (which is quite a challenge here as the cartoonist's message might be difficult to grasp) and your own view of the topic. Therefore, choosing a cartoon as your composition topic might not always be advisable.

The cartoon "We'll all go our own way home" from 1934 shows commuters using different means of transportation to return home after work. Due to the crowds travelling in rush-hour traffic, the road is divided into sections for cyclists, cars and buses. There are flyovers on different levels for emergency vehicles, prams and pedestrians. Above this multi-layered stream of vehicles, pedestrians also cross the road on zip lines. A policeman is watching over the scene, sitting on a small platform above the road.

There are simply too many people on their way. The traffic can only be kept flowing if the corridors for the different road-users are separated. Cars and buses are given priority and pedestrians have to make quite an effort to move along. Commotion is only avoided through strict, often confusing rules and police supervision.

I agree that there is simply too much traffic these days. It is also true that motorised vehicles are given preferential treatment in our cities. Even if we do not have to use zip lines, walking is marginalised in urban areas. Have you tried to cross a major thoroughfare lately? First, you have to wait for ages for a green light, and then you have to be as fast as Usain Bolt to reach the opposite side of the road. If we want to avoid segregation on the road as pictured, we clearly need more respect for carless road-users.

Text 2 Prospect Park

Questions on the text

1 **TIPP**

The answer to this question can easily be found in the text. Nevertheless, make sure you deal with all of its aspects (Sal and Louise's relationship, their plans for the future and the different reactions to their relationship), whose order you may very well change if this fits your train of thought. Structure your solution accordingly and use different paragraphs for the three parts of your answer. Do not forget to support your findings with direct or indirect quotes from the text.

17-year-old Italian American Sal Battaglia and his Irish American classmate Louise seem to be deeply in love and destined for each other. For their classmates and teachers it is obvious that their "sacred" (l. 4) relationship will lead to an engagement after their graduation (cf. ll. 19/20) and eventually to marriage (cf. l. 25). They express their tenderness in small gestures, such as when holding hands during lessons (cf. l. 2) or when Louise touches Sal's face when he is embarrassed (cf. ll. 11/12). Not only is this fondness there for everyone to see, but it also affects their behaviour. It makes Sal behave in a friendly way towards his teacher (cf. l. 1) and allows both of them to stand up to their respective families, who are against their union because of their different national backgrounds (cf. l. 5) despite the fact that all of them are staunch Catholics (cf. l. 6).

People in general react very positively to Sal's and Louise's love story, which is acknowledged by their classmates to be rather special (cf. ll. 2–4). Even when Sal reacts to Louise's reference to babies by blushing and almost crying, the class's laughter is not mean but sympathetic and kind (cf. ll. 10–14). The teacher, Mr McCourt, is also touched by their deep affection for each other. Therefore, he busies himself quietly for

the remaining few minutes of the lesson so as not "to break the spell" (l. 15) created by the emotional scene between Sal and Louise, ultimately envying them their anticipated future together (cf. l. 19).
For the young people, their lives are already clearly laid out. Sal wants to "become a master plumber, Louise a legal stenographer" (ll. 20/21). Additionally, Louise intends to acquire Italian cooking skills in order to satisfy her future mother-in-law and soon to have a baby to reconcile the hostile families (cf. ll. 24–27).

2 **TIPP**

This task is twofold: You should first describe the decisive event in the two lovers' lives, then focus on their respective reactions to it. Once more you can show your skill in organising your answer well.

The event which changes everything occurs when Sal happens to stumble into a gang fight in Prospect Park while delivering food (cf. ll. 28–31). Although he does not belong to any gang, Sal is attacked by an Irish youth with a piece of wood.
This incident leaves its mark on Sal in two ways. When he returns to school, he is "wearing a bandage to cover his stitches" (l. 37), which is only the outward result of the assault. The emotional consequences are more far-reaching. After the beating, Sal avoids Louise, probably because she is Irish, and isolates himself from the class (cf. ll. 37–39). Furthermore, he starts hating all the Irish and even accuses them of treacherously murdering "Negroes" (cf. ll. 52/53). This hatred culminates in his obtaining a transfer to another class whose teacher is not Irish (cf. ll. 55–57).
Louise does not understand Sal's rejecting her and wants their relationship to return to what it was before (cf. l. 39), but she fails and her plea for help to Mr McCourt goes unanswered (cf. ll. 39/40).

3 **TIPP**

While the first two tasks required you to merely retell important aspects of the story in your own words, the third task demands a real literary analysis. As the story is told from the teacher's perspective, we are not told anything about him explicitly. To characterise him, you have to analyse his behaviour towards his students and the way he reflects on his own actions. To avoid simply giving a written account of what you have read, it is helpful to use fitting adjectives or nouns to characterise a person.

Mr McCourt, the narrator of the story, is an Irishman who teaches English at a New York high school and whose Irish accent can still be detected (cf. l. 57). Told by a first-person narrator with a limited point of view, the extract is obviously part of McCourt's autobiography. Its style is informal and the language used is mainly colloquial (cf. ll. 33–36). With no indication given with regard to his outer appearance, the teacher's

personality is revealed by his interactions with his students and by the way he reflects on his behaviour towards them.
One of McCourt's character traits is leniency towards his students. Neither does he object to being addressed informally by Sal and Ray (cf. ll. 1, 48/49), nor does he put a stop to Sal and Louise openly showing their affection for each other in the classroom (cf. ll. 2–4). He is also understanding and does not seem to be overly upset on learning that Sal has called the Irish "sneaky bastards" (l. 59) who cannot be trusted. Another character trait is his empathy, which becomes evident when he has to deal with the emotional scene between Sal and Louise during his lesson, which he does not interrupt (cf. ll. 13–16). Furthermore, McCourt takes an interest in his students and their backgrounds, not for curiosity's sake but obviously out of concern for them. He knows about their families (cf. ll. 5/6) and is well-informed about their plans for the future (cf. ll. 19–21), which shows his commitment to his students.
Finally, there is also his sense of insecurity and his lack of confidence, which are reflected in the style and language used in the last paragraph. The author employs stream of consciousness interspersed with colloquial expressions, incomplete sentences and questions he asks himself (cf. ll. 60–68). He cannot decide how best to help Sal and Louise (cf. l. 60) and ends up doing nothing at all. Looking back, he wonders if talking to Sal would have eased the tension and made everything right again (cf. ll. 64–68). All in all, Frank McCourt can be said to be a likeable teacher but not a very strong character.

Composition

1 **TIPP**

Here you are asked to express your own opinion on the question of whether parents should have a say in their children's choice of spouse. Make sure you structure your composition clearly. You should start with a short introduction that leads to the topic you are going to write about and states your opinion on whether you agree or disagree with the given statement. Then present reasons for your opinion. Make sure you structure different arguments in separate paragraphs. Do not forget to wrap up your essay with a fitting conclusion.

Happily ever after?
Old habits die hard and even in Western societies, there are still parents who expect to have a say when it comes to their children's decision of whom to marry. Personally, I think that parental interference with one's choice of a partner cannot be accepted.
Firstly, with extended families living together under one roof being the exception rather than the rule, close contact between the generations can be kept at a minimum in case of friction concerning an unwelcome spouse. So, it simply does not matter too much whether all family members get on equally well.

Secondly, parents do not usually know their children's partners as well as their children do. So, their disapproval might be due to racial or religious prejudice which may very well disappear on further acquaintance. Therefore, it would seem completely foolish to base the decision of whom to marry on the superficial arguments of others instead of the heartfelt reasons of the lovers themselves.
Finally, if a person renounces a partner they are devoted to only to get married to someone their parents approve of, that person might hanker after their lost love for the rest of their lives, which does not bode well for a couple's future. Regret will lead to unhappiness and ultimately to a failed marriage.
All in all, I am convinced that although harmonious relations with one's family are valuable, they cannot be more important than a person's right to choose whoever they want to get married to.

2 **TIPP**

A comment requires you to find either pros or cons to tackle the question, as you have to state your opinion. Including the given statement in your introduction might help you to stick to the task at hand and not to digress from the topic. The quote itself already suggests a certain structure for your comment. It juxtaposes an empty mind with an open one. As you might be tempted to see a "full" mind as the opposite of an empty one, you can play with that expectation, only to conclude that an open mind can be an even more desirable goal of education.

It's all in the head

As Malcolm Forbes puts it, "education's purpose is to replace an empty mind with an open one" and I fully agree with this statement.
By definition, education is a process of teaching and learning in order to improve knowledge and develop skills. In other words, education not only feeds the brain information, but also enables it to deal with and evaluate the facts that it is given. In the process, an "empty" mind will ultimately be replaced by a well-informed one. Eventually, young people will be ready not only to handle everyday situations but also to cope with occurrences which demand creativity and flexibility if they are to be solved.
Furthermore, although it might be helpful to follow certain sets of rules or patterns of behaviour, it is equally important not to be restricted in one's thinking but to keep an open mind, as Malcolm Forbes suggests.
Indeed, it is this open-mindedness which has to be the ultimate goal of education. Cramming students' heads with facts no matter how useful or interesting they may seem can only be one aspect of education in its truest form. The other and by far more important one is its obligation to enable young people not to rely on what others tell them but to adapt to new conditions and to look for innovative solutions.
Summing up, education should advance living together in our society by creating respect for and acceptance of views differing from one's own.

3 **TIPP**

If you have to write about topics like love, hate, greed, treachery, guilt, etc., remember to consider Shakespeare's plays, one of which you might have dealt with in your English lessons. Of course, you are also free to choose whatever other literary work you are familiar with. As you are supposed to write a review for a school magazine, your text should not simply summarise the content of the work you have chosen. Instead, remember your target audience and make your review as lively and interesting as possible. There is no need to stick to very formal language here.

Simply a romantic love story?

If you want to read a love story, well, not just any love story, but one with a most intricate plot, then turn to Shakespeare. Trust the bard not only to write the world's most famous love story more than 400 years ago, but to fill it with conflicts involving noble clans in Verona as well.

At the heart of the story lies the ongoing dispute between two feuding families, the Montagues and the Capulets. This quarrel, whose origin nobody remembers, triggers a disaster.

For Romeo Montague and Juliet Capulet, it is love at first sight. Yet, because of their families' dispute, they cannot openly declare their love but are married secretly.

When Juliet's cousin Tybalt murders Romeo's friend Mercutio and in turn is killed by Romeo, fate takes its course: Romeo is banned to Mantua. Juliet is desperate to be reunited with him. Unbeknownst to Romeo, she drinks a potion which leaves her seemingly lifeless and is laid in the family vault. Convinced that his beloved has passed away, Romeo poisons himself. On waking up, Juliet finds Romeo dead and stabs herself.

Another victim of the feud is Romeo's mother, who dies of a broken heart. Irony of fate: only the death of the protagonists reconciles the families.

You see, Shakespeare has it all: a fast-paced plot switching from hate to love, from hope to death and final peace-making at the cost of several lives. Tempted to read or see it for yourself?

4 **TIPP**

This task is quite challenging. The advert looks interesting and easy to describe at first glance. However, its description is only the first step. You then have to interpret the advert's message and comment on it. In this case, your comment should be not only about the question of whether you agree or disagree with the message, but also take into consideration what product is being advertised. Do you find the advert innovative and convincing and does it fit the product it advertises? As you can see, you should be quite careful when choosing an advert as your composition topic. Only pick it if its message is really clear to you.

Giving everyone their slice of the cake?

The advert for HSBC consists of four frames, three of which show a handsome young couple as a wedding cake decoration. The woman wearing a wedding gown is standing close to the groom, who is also dressed for the occasion. The lower halves of the identical pictures are covered in some fancy decoration material. Each photo contains one expression: "fate", "fear", "fairy tale" – an alliteration. In the fourth frame it says "[…] people have different ideas about what's important" together with the HSBC logo.

The author very probably wants to say that although from the outside, people's sets of circumstances appear the same, a closer look can reveal large differences. Believers in fate do not question the situation they are in, but have to find means to make the best of it. Fear of what lies ahead may require unusual strategies to overcome it and even if your wedding resembles a fairy tale, you will have to make an effort to ensure it lasts. With all that, or so the advertisement suggests, HSBC can help. For them it is a piece of cake, because though operating globally, this "local bank" focuses on its customers' individual needs.

Despite the fact that the advert is quite eye-catching, I do not fully agree with its message. People's lives certainly are most varied and their priorities differ greatly. However, I sincerely doubt that big banks take that fact into consideration in their dealings with their customers.

MEDIATION

TIPP

Before starting on your mediation, read carefully what kind of text you are to produce and adapt your style and language to the task at hand. In this case, even though your addressees are mainly students, your text must also appeal to a general and international public. Therefore, do not make your style too colloquial. The introductory paragraph of your article should arouse the readers' interest and you should come to some sort of conclusion. It is important that you pay attention to all the aspects mentioned in the task – and only to those. You are supposed to describe the trend of unpackaged shopping, then mention the general public's acceptance of that trend and possible reasons against it. When it is said that you are to produce "about 250 words", you can write between 225 and 275.

Trends in consumer behaviour

The Germans – world champions in sustainable shopping? Amazingly, quite the opposite is true, as we have found out in the course of our investigation into consumer behaviour in Germany.

Lately, a number of small general stores which sell a wide range of unpackaged goods have appeared in several German cities. From there, customers can transport their purchases of flour, tea, jelly beans, soap, vinegar, etc. in reusable containers obtainable in the shops or brought from home.

The fact that it takes time for the goods to be weighed before the customers pay is a problem for lots of people. They do not accept this time-consuming way of shopping and the number of ideologically motivated consumers looking for sustainability is also decreasing.

Additionally, there are certain trends and circumstances which speak for packaging goods in retail. It keeps shops clean, protects goods and avoids different kinds of a product becoming mixed up. Moreover, there is no need to take loads of empty containers with you on your weekly shop.

Other facts further increase disposable packaging, such as customers' lack of time, a rising number of single households needing smaller quantities and changing eating habits, as people no longer sit down to their meals but turn to packaged convenience food.

Add the growing number of purchases in online shops, where wrapping the items up is an absolute necessity for the protection of goods, and the widespread belief that brand names on packaging mirror your personality and you have enough reasons why shopping without packaging stands little chance of becoming widely popular.

Abiturprüfung 2018
Bayern ▪ Englisch

LISTENING COMPREHENSION

Task 1: The Dangerous Sports Club (DSC) — Punkte: 14

You will have 1:30 minutes to study the tasks below. Then you will hear the recording twice, with an interval of two minutes to complete the tasks. After the second listening, you will have 1:30 minutes to finalise your answers.

You are going to listen to an extract from a radio programme about the history of bungee jumping. Fill in the table. You need not write complete sentences.

1 (2)

David Kirke	
Why was he not accepted by the Royal Air Force?	
How did he then fulfil his dream of flying?	

2 (3)

A special activity in Vanuatu	
How had the DSC members learnt about it?	
What did people jump from?	
Why didn't the DSC members go there?	

3 (4)

Plans for the first bungee jump	
Why did they choose the Clifton Suspension Bridge?	
Why couldn't they jump from it legally?	
Why did they choose the date mentioned?	

What time did they jump?	

4

After the jump		(3)
Why was it so easy for the police to arrest them?		
How did the police really feel about the jump?		
What sentence did the DSC members get?		

5

The story continues		(2)
Why did they do more bungee jumps? Give <u>one</u> reason.		
What project is David now working on?		

Task 2: The Bicycle

Punkte: 16

You will have 2:30 minutes to study the tasks below. Then you will hear the recording twice, with an interval of 1:30 minutes to complete the tasks. After the second listening, you will have 1:30 minutes to finalise your answers.

You are going to listen to an extract from a radio report about the bicycle.

1 Arpita Sinha.
Answer the question in key words and tick the correct option. (2)

a What is her job?

____

b She says that, generally speaking, bicycle owners in India …

☐ work for chain stores.
☐ have high aspirations.
☐ are held in low esteem.
☐ are mean to pedestrians.

2 The development of the modern bicycle. Complete the table. (6)

year	new techno-logical feature	effect of new feature	what a factory worker had to pay for a bike
1885			
1888			X
1895	X	X	

3 What does Rob Penn say about the impact of cycling on society?
Tick the correct option. (1)

- ☐ It fast became a popular hobby for a large proportion of society.
- ☐ It improved the physical and mental health of factory workers.
- ☐ It led to working-class people wearing jeans more often.
- ☐ It resulted in more marriages between people from different areas.

4 What is Arpita Sinha unhappy about? Answer the question in key words. (1)

____

5 Female cyclists at the turn of the 20th century. Complete the sentences. (4)

Women started wearing more sensible clothes for cycling, for example, trousers that were tied ______________________ so that they would not ______________________.

At first, the public was outraged. The question as to whether women in bicycle clothes could be served in pubs was sometimes even settled

______________________.

In the 1910s it became apparent that the bicycle had actually played an important role in ______________________.

6 Judith Green. Tick the correct option. (1)

☐ She occasionally writes articles about sports and hygiene.
☐ She monitors the increase in traffic noise at regular intervals.
☐ She has recently started doing research into tropical illnesses.
☐ She feels annoyed by cyclists and pedestrians at certain times.

7 Judith Green on cycling in London. Tick the correct option. (1)

☐ Cyclists are admired for their state-of-the-art equipment.
☐ Cyclists feel guilty about being a nuisance to pedestrians.
☐ Cycling is seen as the ethical way of getting around London.
☐ Cycling is generally looked down upon by high income groups.

TEXTAUFGABE

Der Prüfling hat **eine** Textaufgabe seiner Wahl zu bearbeiten.

Text 1 A Global City, at a Crossroads

London – St. Pancras International rail station, a wonder of Victorian architecture resurrected for the 21st century, opened 10 years ago as the embodiment of a particular notion: that Britain is part of something bigger than itself and that belonging to a fellowship of nations is as easy and natural as stepping onto a train.

It was both shocking and thrilling, at first, that you could catch a Eurostar from a platform in London, slide under the English Channel, hurtle through the French countryside and less than three hours later pull into the Gare du Nord in Paris. To ride the Eurostar was to marvel that the capitals – London so prosaic and straightforward, Paris so romantic and mysterious, the two with their long history of rivalry and discord – were part of the same larger enterprise.

Eurostar symbolized an era in which London seemed to be inevitably rushing toward Europe, too. At least that was the idea until the beginning of the process known as Brexit. The trains are still running, but the era that created modern London appears to be over. […]

To many people in the capital, the vote last year[1] feels like a rejection not just of Europe but also of the values embodied by London, values like openness, tolerance, internationalism and the sense that it is better to look outward than to gaze inward. […]

Here are Britain's richest people and many of its poorest, living side by side in relative peace. London is stuffed with British landmarks – Big Ben, Buckingham Palace, St. Paul's Cathedral – but also with people representing 270 nationalities, 8.7 million inhabitants in all.

Brexit has thrown into disarray this great experiment in tolerance. Nobody can predict what the city will look like in 10, 20 or 30 years. If spontaneous travel between Europe and Britain no longer seems so simple, neither does the easy exchange of people, capital, jobs, businesses and languages. Perhaps more significant, it is no longer clear that these are meant to be admirable things, here or anywhere. […]

I lived in London for more than 15 years, returning home to New York in 2013. The city changed a great deal in that time, and the city I left felt markedly different from the one I found when I arrived. It felt more open, more international, more enthusiastic, more exciting. The food got better, and places stayed open later. My neighbors seemed to come from a United Nations' worth of countries, our differences somehow erased because we all shared them.

The city also grew a lot richer, which was not necessarily a good thing: The center of town became all but unaffordable. Russian oligarchs and other members of the world's ultrarich elite dug up the streets to build subterranean complexes filled with swimming pools and parking garages for homes they planned to live in only a couple of weeks each year. […]

It was during two visits in the past few months that I encountered something different: fear for the future and a questioning by non-Britons of whether they even belong here anymore.

"Even for those that haven't talked about leaving, there's something fundamentally ruptured in their relationship with the country," said Ian Dunt, editor of the website Politics.co.uk. "When people say they're very anti-immigration, no one thinks that's directed at German architects or French lawyers. But even those people are beginning to feel that the country is becoming cold and mean-spirited and indifferent to their presence, if not openly hostile toward them."

London is big and unwieldy and constantly changing. It resists easy definition.

Here, despite the anti-Muslim, anti-immigrant sentiments that helped fuel the Brexit vote, is London's first Muslim mayor, Sadiq Khan[2], whose parents, a bus driver and a seamstress, came from Pakistan. Here are international financiers and playboys, Eurocrats and Eurotrash, as well as economic migrants from Spain and Portugal and other depressed European countries crowding into tiny flats on the edges of town and taking jobs in cafes, on construction sites, in hotels. […]

Part of what makes London different is how closely it all knits together people from different economic backgrounds as much as different ethnic ones. Every borough has its grand houses and its public housing projects.

"It's not just me and you and rich and poor," said Dara Djarian, 25, a real estate agent in Kilburn whose parents are French and Iranian. He compared the jumbled-up neighborhoods of London with the more uniform banlieues[3] at the periphery of Paris, centers mostly for Arab immigrants. "Everyone's all mixed up here." […]

Is London lost? Not in the slightest, say those who voted for Britain to leave the European Union. They say that London is reclaimed.

Construction crews are still putting up buildings, monuments to London's future, as if nothing has changed. But you can hear faint footsteps, too. Banks, investment firms and other companies are making contingency plans to move elsewhere. What then? […]

Pro-Brexit views are hardening, and many immigrants – rich as well as poor – are wondering if there is any point in staying. What London will look like then is anybody's guess. […]

Back at St. Pancras last month, nothing official happened to commemorate the moment the prime minister put Brexit into motion[4]. The trains to Paris did not stop running. Nobody's passport was rescinded at the gate. But in the station concourse you could hear piano music, courtesy of a program in which pianos are installed in public places for anyone to play.

Standing by the piano, Julie Walker and her husband, Simon, said they had chosen a piece of music that would express their joy that Britain was doing the Christian thing and, as they saw it, "cutting all the ties" to an outside world that threatens British self-determination. The song they requested from the pianist, Stewart Yeff, was Leonard Cohen's[5] "Hallelujah".

It seemed apt, because it sounds like a song of celebration, but it is really one of mourning. *(989 words)*

From: Sarah Lyall, "A Global City, at a Crossroads", in: NY Times Supplement of SZ, *April 21, 2017, adapted from "Will London Fall?", in:* New York Times, *April 12, 2017 (abridged)*

Annotations

1	last year	The referendum took place on June 23, 2016.
2	Sadiq Khan	Sadiq Khan was elected in May 2016.
3	banlieues	*(French):* suburbs
4	the moment the prime minister put Brexit into motion	Theresa May officially opened the Brexit process on March 29, 2017.
5	Leonard Cohen	Canadian singer and songwriter (1934–2016)

Questions on the text

Punkte: 50

Answer the following questions using your own words as far as is appropriate. Quote correctly.

1 Outline how the writer characterises London and the ways it changed in the two decades before the Brexit vote. (20)

2 Analyse what St. Pancras stands for in the text and how the writer uses it to make her point. (20)

3 Examine how the writer highlights the consequences of the Brexit vote through her use of language. Refer to three different examples. (10)

Composition

Punkte: 40

Choose **one** of the following topics. Write about 200 to 250 words.

1 On their 18th birthday every EU resident should be given a free train ticket for travel around Europe for a month (Interrail Pass).
Discuss.

2 "To travel hopefully is a better thing than to arrive."
(Robert Louis Stevenson, 1850–1894, Scottish writer)
Comment on this statement.

3 A character's struggle to find his or her identity often plays a central role in books and films. Show how this topic is dealt with in a work from the English-speaking world.
Write an article for the English edition of your school magazine.

4 Describe, interpret and comment on the following cartoon.

Text 2 The Mysterious Bullet

Retired Detective Inspector John Rebus is having a pint in his local Edinburgh pub, the Oxford Bar (the Ox). Siobhan Clarke and Malcolm Fox are two of his former colleagues.

A month since his retirement. He had gone quietly in the end, demanding no fanfare, and turning down the offer of a drink with Clarke and Fox. Siobhan had phoned him a few times since, on various pretexts. […]

Was he coping?

Did he want to hook up some time?

"Bugger that," Rebus muttered to himself, finishing the dregs of his fourth IPA[1]. Time to call it a night. Four was plenty. His doctor had told him: best cut it out altogether. Rebus had asked for a second opinion.

"Here it is then," the doctor had said: "You should stop smoking too." […]

His life was turning into a track on a CD with the repeat function engaged, each new day the same as the one before.

He'd made a little list at the kitchen table: join the library, explore the city, take a holiday, see films, start going to concerts. There was a coffee ring on the list, and soon he would crumple it into the bin. […]

Phone.

He dug it out and peered at the screen. *Caller: Shiv.* Short for Siobhan[2]. Not that she would countenance being called Shiv to her face. He considered not answering, but then tapped the screen and pressed the device to his ear.

"You're interrupting my training," he complained.

"What training?"

"I'm planning on doing the Edinburgh Marathon."

"Twenty-six pubs, is that? Sorry to break into your schedule."

"I'm going to have to stop you there, caller. There's someone on line two with a less smart mouth."

"Fine then – I just thought you might like to know."

"Know what? That Police Scotland is falling to pieces without me?"

"It's your old friend Cafferty."

Rebus paused, his brain switching gears. "Keep talking."

"Someone might just have taken a potshot[3] at him."

"Is he all right?"

"Hard to say – he's not letting us in."

"Where are you?"

"His house."

"Give me fifteen minutes."

"We can come fetch you …"

A taxi had turned into Young Street, its orange light on. Rebus walked into the road and waved for it to stop.

"Fifteen minutes tops," he told Clarke, before ending the call.

"Want me to try the bell for you?" Fox asked. He was on the doorstep in front of Cafferty's home, flanked by Rebus and Clarke. The glazier had gone, and the officers from the patrol car were still collecting information from neighbours. The blue flashing light had been turned off, replaced by the orange sodium glow of the nearby street lamps.

"He seems to want to communicate by shouting through the letter box," Clarke added.

"I think we can do better than that," Rebus said. He found Cafferty's number on his phone and waited.

"It's me," he said when the call was picked up. "I'm standing right outside and I'm about to come in. So you can either open the door, or wait for me to put in another of your windows and climb in through the wreckage." He listened for a moment, eyes on Clarke. "Just me – understood." Clarke opened her mouth to protest, but Rebus shook his head. "It's baltic[4] out here, so quick as you can and we can all go home."

He put the phone back in his pocket and offered a shrug. "It's okay for me to go in because I'm not a cop these days." [...]

The door was being opened. Cafferty stood behind it, mostly hidden in shadow. Without another word, Rebus stepped inside and the door closed behind him. He followed Cafferty from outer hall to inner. Cafferty walked past the closed door to the living room, turning into the kitchen instead. Rebus wasn't about to play that game, so entered the living room, turning on the light.

He'd been in the room before, but there had been changes. A black leather suite. A vast flat-screen TV above the fireplace. The curtains in the bay window had been pulled shut; he was drawing them open when Cafferty walked in.

"You've tidied most of the glass," Rebus commented. "Still wouldn't risk it in bare feet, mind. But at least floorboards are better than carpet – the splinters are easier to spot."

Hands in pockets, he turned to face Cafferty. They were old men now, similar build, similar background. Sat together in a pub, they might be mistaken by a casual onlooker for pals who'd known one another since school. But their history told a different story: fights and near-deaths, chases and prosecutions. Cafferty's last stint in jail had been cut short after a cancer diagnosis, the patient making a miraculous recovery once free.

"Congratulations on your retirement," Cafferty drawled. "You didn't think to invite me to the party. Hang on, though – I hear there was no party. Not enough friends left to even fill the back room at the Ox?" He made a show of shaking his head in sympathy.

"The bullet didn't hit you then?" Rebus retorted. "More's the pity."

"Everyone seems to be talking about this mysterious bullet." [...]

Rebus had followed Cafferty for a few steps but then stopped by the wall opposite the bay window. There was a framed painting there, and as Cafferty turned towards him, he dabbed at it with the tip of one finger. "This painting used to be over there." He nodded towards another wall. "And the wee painting hanging there used to be here. You can tell from where the emulsion has faded – means they've been swapped over recently."

"I like them better this way." Cafferty's jaw had tightened. Rebus gave a thin smile as he reached out with both hands and lifted the larger painting from its hook. It had been covering a small, near-circular indentation in the plaster. He shut one eye and took a closer look.

"You've prised out the bullet," he commented. "Nine mil[5], was it?" He dug in his pocket for his phone. "Mind if I take a snap for my scrapbook?"

But Cafferty's hand had gripped him by the forearm.

"John," he said. "Just leave it, okay?" *(1,005 words)*

From: Ian Rankin, Even Dogs in the Wild, *Orion Books 2015*

Annotations

1	IPA	India Pale Ale, a type of beer
2	Siobhan	[ʃɪˈvɒn]
3	to take a potshot at sb	to shoot at sb without aiming very carefully
4	baltic	*(informal):* very cold
5	mil	*(informal):* millimetre

Questions on the text **Punkte: 50**

Answer the following questions using your own words as far as is appropriate. Quote correctly.

1 Outline what is revealed about John Rebus's retirement and his new life as a pensioner. (10)

2 Using the metaphor in l. 28 as a starting point, examine how Rebus interacts with his former colleagues and deals with the situation outside Cafferty's house. (20)

3 Examine what the reader learns about Cafferty and his relationship with Rebus, taking into account the events at Cafferty's home earlier that night. (20)

Composition **Punkte: 40**

Choose **one** of the following topics. Write about 200 to 250 words.

1 Imagine your school has been repeatedly targeted by vandals. A suggestion has been made to install CCTV cameras to stop the vandalism.
Discuss.

2 "The best classroom in the world is at the feet of an elderly person."
(Andy Rooney, 1919–2011, American radio and television writer)
Comment on this statement.

3 Describe the way a crime is dealt with in a literary work by an English-speaking author.
Write an article for the English edition of your school magazine.

4 Describe, interpret and comment on the following cartoon.

"I remember when you used to look for answers using your astute powers of deduction."

MEDIATION

Aufgabenstellung **Punkte: 40**

Sie machen ein Praktikum bei der Frankfurter Societäts-Medien GmbH, die in Kooperation mit dem Auswärtigen Amt die englischsprachige Website www.young-germany.de unterhält. Dort erfahren junge Menschen aus aller Welt Interessantes und Wissenswertes über das Leben in Deutschland.

Schreiben Sie auf der Basis des folgenden Interviews einen englischsprachigen Artikel über das Selbstbild der Kölner, den Kölner Karneval und seine Bedeutung für die Menschen in Köln.

Text **Niemand wird zwangsbeschunkelt**[1]

Wer zum Studium nach Köln kommt, freut sich entweder auf den Karneval. Oder er fürchtet sich davor. Aber darf man sich in dieser Stadt der kollektiven Kostümparty überhaupt entziehen? Oder droht dann die soziale Ächtung? Wolfgang Oelsner ist Jugendpsychotherapeut aus Köln – und ausgewiesener Karnevals-Experte. [...]

Herr Oelsner, Sie sind gebürtiger Rheinländer. Dem Klischee nach müssten Sie ein sehr fröhlicher Mensch sein.

Ich schaue gerne positiv in den Tag hinein und mag Feste in der Gemeinschaft. Rheinländer haben zwar keine anderen Gene. Aber in Köln wird ein bestimmtes Wir-Ideal gelebt – das einer lebensfrohen Stadt.

Was macht die Kölner Seele aus?

Zum beschworenen Selbstbild der Kölner gehört es, die Dinge von der gelassenen, heiteren Seite zu sehen. Hier will man nichts so heiß essen, wie es von anderen gekocht wurde. Die Stadt ist dem Klischee nach außerdem tolerant, plural, multikulturell, offenherzig, auch manchmal mit der Kehrseite des Unverbindlichen. Dass sich solche Eigenschaften als Selbstbild festsetzen können, hat auch mit dem kollektiven Sprachgut zu tun.

Wie meinen Sie das?

Neben Wien und Paris gibt es kaum eine Stadt, über die so viele Lieder geschrieben wurden wie über Köln. Lieder zur Selbstbefindlichkeit: Wie fühlen wir uns? Wie wollen wir sein? „Viva Colonia“ von den Höhnern[2] beschreibt beispielhaft, wie der Kölner sich selbst gerne sieht: „Wir lieben das Leben, die Liebe und die Lust, wir glauben an den lieben Gott und ha’m auch immer Durst.“ Volkslieder verdichten hochkomplexe Themen – Liebe, Lust, Religion – und brechen sie auf einfache Formeln herunter. Deshalb werden sie in Festzelten auf dem Münchner Oktoberfest ebenso gesungen wie auf Betriebsfesten oder bei Fußballspielen. Wenn solche Botschaften von einer Stadt ausgehen, bleibt zwangsläufig etwas hängen.

Welche Rolle spielt der Karneval?

[...] Er durchdringt alle Altersgruppen, Schichten und sogar Herkunftskulturen. In den närrischen Tagen verkleiden sich Kinder genauso wie Senioren, jede Sparkasse ist geschmückt, jedes Krankenhaus, und mitunter auch der türkische Obst- und Gemüsehändler oder das griechische Lokal. Vom Pförtner bis zum Vorstandsvorsitzenden macht jeder mit. Volksfeste wie der Karneval haben – bei aller berechtigten Kritik an offensichtlichen Missständen – eine integrierende Wirkung, sie sind offen für andere. [...]

Aber werden nicht all diejenigen ausgegrenzt, die sich nicht mit Karneval identifizieren können oder wollen?

Nein. Kölner, die vor den tollen Tagen flüchten – und das sind nicht wenige – werden deswegen nicht schief angeguckt. Es gibt durchaus Jahre oder Lebensphasen, in denen man lieber abhaut, und solche, in denen man gerne mitten drin ist. „Levve un levve losse“[3], das gilt auch im Karneval. Die fünfte Jahreszeit dauert – nach dem Auftakt am 11.11. – von Neujahr bis Faschingsdienstag, da kann man gar nicht alles mitmachen, es gibt einfach zu viele Angebote. Das ist gleichzeitig die große Chance: Fast jeder findet etwas, das ihm gefällt. Der eine ist beim Pfarrkarneval zuhause, der andere im kabarettistischen Milieu, ein Dritter mag es derber [...] und ein Vierter liebt es elegant in Abendgarderobe. Man kann auf der Straße feiern, im Festsaal oder mit der Familie im Wohnzimmer. Oder eben auch gar nicht. Niemand wird zwangsbeschunkelt[1].

Wer in Köln geboren ist, wächst mit dem Karneval auf. Für Zugezogene kann das ein Kulturschock sein.

Stimmt schon. Kölner werden von klein auf in die Karnevalskultur eingeführt – es existiert ein riesiges Vereinswesen. Aber die kindliche Liebe zu Karneval zeigt uns auch, dass es um mehr geht als Kostüme und Kamelle[4]. Denn ein Kind muss sich nicht verkleiden, um in eine Rolle zu schlüpfen. Es ist das Privileg von Kindern, jeden Tag im Spiel jemand anders sein zu können. Für sie ist Karneval ein verlässlicher Termin im Jahreskalender. Bräuche helfen Kindern und Erwachsenen, sich zu verorten und zu binden, sie schaffen Vertrauen und über die Zeit ein Heimatgefühl. In diesem Sinne kann Karneval auch für Zugezogene ein wichtiges Fest sein. Nicht zuletzt bringt der Karneval in der jetzt beginnenden dunklen Jahreszeit Licht und Freude. [...]

(628 Wörter)

Quelle: „Niemand wird zwangsbeschunkelt“, Johanna Bruckner, SZ vom 30. 10. 2014

Annotationen

1	schunkeln	sich in einer Gruppe mit untergehakten Armen gemeinsam im Rhythmus einer Musik hin und her wiegen
2	Höhner	Kölner Band
3	„Levve un levve losse“	Kölner Dialekt für „leben und leben lassen“
4	Kamelle	Bonbons, die in die Menge geworfen werden

Lösungsvorschlag

LISTENING COMPREHENSION

Transcript 1 The Dangerous Sports Club (DSC)

Reporter: It's April Fool's Day, 1979, and a group of young men have gathered at the Clifton Suspension Bridge. David Kirke had always wanted to fly but he'd been rejected by the RAF because of colour blindness. Instead, he turned his attention to building and flying hang-gliders and now he'd become the first person ever to jump off a bridge with the help of elastic ropes, to bungee jump. The group, who calls themselves the Dangerous Sports Club, had met while they were at Oxford University and shared an interest in risky sports. They had seen footage of vine jumping on Vanuatu, an island in the South Pacific. There, young men jumped from tall wooden platforms, with vines tied to their ankles. The airfare to Vanuatu was too expensive, but one of the group, Chris Baker, had a plan.

David: We'd been taking our hang-gliders with little elastic ropes on and Chris said, "Why don't we use those elastic ropes?"

Reporter: Now, the group had to find a suitable venue.

David: The problem was getting permission of the tallest bridge to jump off because that was Clifton Suspension Bridge, at 240 feet. It was run by a private trust and they wouldn't even allow the BBC to film costume drama on it so there was no chance of doing it with permission. So, we arranged to do it on April 1st, just to confuse people. And our men arranged to do it at 8 o'clock. Then I put it back officially to 7 o'clock, knowing that somebody would leak.

Reporter: And were you not afraid that the rope would break? That you'd plunge into the water?

David: No, I wasn't at all. If it had broken, it would have given so much resistance, that I'd have dropped into the water fairly slowly.

Reporter: What was the feeling among the group when you'd completed the jump?

David: We've done it. *(laughs)*

Reporter: But the adventure was not yet over.

David: But then of course the police came back. It seemed like a courtesy not to escape but to face the music. And we were sort of hauled inside to the station and stayed overnight. Breach of the peace. The British police were absolutely marvellous. I know of no other police force in the world that would have gone back to the flat, searched for drugs, found nothing, decided it was a decent adventure and brought us the remainders of the red wine we had and gave it to us in jail in brown paper bags saying, "ah well, that was a good laugh". You know, you don't get many police forces like that.

Reporter: The group was charged with breach of the peace and appeared in court the following day. They pleaded guilty and were fined 100 pounds each. Undeterred, the Dangerous Sports Club went on to bungee jump from the Golden Gate Bridge in San Francisco.

David: So, that was it. It was just a way of expressing yourself, having fun, playing with new ideas. It was a sort of release.

Reporter: Bungee jumping is now a mainstream and legal activity, enjoyed by thousands round the world. The Dangerous Sports Club currently has 76 members. David is still experimenting with flying. He hopes to build a working model of Pegasus, the flying horse.

Source: https://www.bbc.co.uk/programmes/p00fvhtb (gekürzt)

TIPP

The listening comprehension test consists of two separate tasks.
For **Task 1**, you will have to fill in the tables with the missing information. If you are insecure about words from the assignments, it is advisable that you use your dictionary before the first listening round. The relevant pieces of information follow each other quite quickly and you will probably need the time in between the listening rounds to formulate the correct answers. When there are still gaps in the table after the first listening, you will know to which parts you will have to pay special attention during the second round. It is sometimes a bit difficult to understand one of the speakers, David Kirke. But don't worry, you need not understand every single detail. You can use your own words and bullet points are completely sufficient; you need not write complete sentences. Questions that ask for exact numbers, for instance the one about the time of the first bungee jump, are often particularly tricky. So, focus on this part of the text during your second listening if you are still unsure about the right answer after the first.

1

David Kirke	
Why was he not accepted by the Royal Air Force?	**(he is/was) colour blind**
How did he then fulfil his dream of flying?	**by building (and flying) hang-gliders**

2

A special activity in Vanuatu	
How had the DSC members learnt about it?	**had seen footage**
What did people jump from?	**(tall) wooden platforms**
Why didn't the DSC members go there?	**flight too expensive/too expensive to travel there**

3	**Plans for the first bungee jump**	
	Why did they choose the Clifton Suspension Bridge?	**tallest/highest bridge**
	Why couldn't they jump from it legally?	**no chance of getting permission/run by private trust**
	Why did they choose the date mentioned?	**to confuse people/they wanted people to think it was a joke**
	What time did they jump?	**at 7 o'clock**

4	**After the jump**	
	Why was it so easy for the police to arrest them?	**they didn't run away/they didn't try to escape/they stayed** (**out of courtesy**)**/they decided to face the music**
	How did the police really feel about the jump?	**thought it was a decent adventure/a good laugh**
	What sentence did the DSC members get?	**to pay a fine of £ 100 each**

5	**The story continues**	
	Why did they do more bungee jumps? Give one reason.	(**it was**) **a way of expressing themselves/having fun/playing with new ideas/a sort of release**
	What project is David now working on?	(**building a**) **working model of Pegasus/of a flying horse**

Transcript 2 The Bicycle

Mike Williams: BBC World Service, I'm Mike Williams, with "The Why Factor". On the programme today, a simple machine that changed the world: the bicycle.

Arpita Sinha: My name is Arpita Sinha. I guide bicycle tours for a company called "Delhi by Cycle" in New Delhi. Broadly, the impression of somebody who owns a bicycle is that it's a poor person (who) distributes milk or something small and menial like that. (I actually distracted a hand guard into stopping.) It's a delivery guide's ride, it's a poor man's ride. It's not something that you aspire to at all. It's like a food chain, and we're just one rung above the petty pedestrian.

Rob Penn: Oh gosh, I have twelve bicycles. Erm, I absolutely don't need twelve, I only need one.

Mike Williams: Rob Penn. Journalist, lifelong cyclist and author of *It's All about the Bike*, which charts the history and social impact of the bicycle.

Rob Penn: But I have a collection of them, you know, because it somehow represents my appreciation of the beauty of bicycles. The bicycle that we know today, something that we'd be able to get on and comfortably ride now, took place in 1885. What happened was the invention of the safety bicycle and everything that had been before it really was patently unsafe to ride: the high wheeler, or the penny-farthing, as we know it in Britain. What happened in 1885 was the wheels were of the same size, and the rider could touch the ground with his feet, and three years after that, the pneumatic tyre was invented and that meant that the bicycle for the first time became relatively comfortable to ride as well. And those two things combined were real game changers, and really, you know, made a turning point in human transport. The invention of the bicycle had incredible consequences for society in many different ways. It was the first time in human history when the working class became mobile. From the Iron Age until the late 19th century, land transport was characterised by a predictable and slow pace. And suddenly the bicycle came along. Though in 1885 it was expensive, undoubtedly, and probably cost something like the annual salary of a factory worker. But, within a single decade, it had become the equivalent of two weeks' wages for a factory worker so that meant that they were affordable for a large proportion of the population. And that must have been something just extraordinary really. It definitely shored up the gene pool in countries like Britain because it meant that people could go further than they ever had before in order to find a partner for life and to mate.

Arpita Sinha: Even though I own a really nice, well-cushioned cycling shorts and would be very comfortable on these potholes, I can't actually wear it because it's a rather conservative area. So, wearing cycling shorts is a no-no, as a woman.

Rob Penn: The bicycle broke down previously very rigid class and gender barriers. In very practical terms, it had a very significant effect on what women wore in public. And when they first rode bicycles, they were expected to ride in long, ankle-length skirts and voluminous petticoats, and of course that was entirely impractical so they'd adopted what was called rational dress. And rational dress was a better fitting jacket and pantaloon trousers which were cinched below the knee, which meant that nothing got caught in the chain. And at first there was massive public outrage. There were court cases about whether or not women were allowed to be served in pubs wearing this sort of dress. I think by the time the Suffragettes Movement hit its peak in the 1910s, they were able then to look back at the 1890s and recognise that what happened on the bicycle and women was hugely important.

Judith Green: My office overlooks this cycle lane that we're looking at now and around 4 o'clock, 5 o'clock, I have to shut my window because all I can hear are cyclists shouting at each other, pedestrians shouting at the cyclists …

Mike Williams: Judith Green is a sociology professor at the London School of Hygiene and Tropical Medicine, a researcher into transport and health. She surveyed cyclists in the city.

Judith Green: There's almost a guilt now about driving in London, and people talked about it as the new smoking, the thing you have to be a little bit embarrassed about. So, there's a sort of a moral hierarchy almost of transport choices, with cars right at the very bottom and bicycles at the top. So, people did think that was the virtuous way to travel around London. Part of the problem is because it's still a, very much a minority mode of transport in London, if you break down who does and doesn't cycle in London. It's disproportionately those of higher income groups so if as an average commuter, you look down and you see these people in the latest Lycra, on a bicycle that cost thousands of pounds, you think that's not a way to get to work, that's a lifestyle choice.

Source: https://www.bbc.co.uk/programmes/p035yyjk (gekürzt)

TIPP

Task 2 presents you with a variety of different task types: short answer questions, multiple choice questions, a table to fill in and a gap text. While multiple choice questions might seem easier at first because you do not have to write your own solutions, pay close attention to small details and be prepared to revise an initial decision. The answer options are usually intended to lead you in the wrong direction, so while several might sound sensible at first, only one is correct. All the others can be ruled out when listening closely.

1 **a** guides bike tours/works for "Delhi by Cycle" as a guide

b ☑ are held in low esteem.

2

year	new techno-logical feature	effect of new feature	what a factory worker had to pay for a bike
1885	wheels of the same size	safer/feet can touch/reach the ground	annual salary/ one year's salary
1888	pneumatic tyre(s)	more comfort-able/(relatively) comfortable	☒
1895	☒	☒	two weeks' wages

3 ☑ It resulted in more marriages between people from different areas.

4 can't wear her cycling shorts (in conservative areas)

5 Women started wearing more sensible clothes for cycling, for example, trousers that were tied **below the knee**(s) so that they would not **get caught in the chain**. At first, the public was outraged. The question as to whether women in bicycle clothes could be served in pubs was sometimes even settled **in court/by judges**.

In the 1910s it became apparent that the bicycle had actually played an important role in **women's rights/the Suffragette Movement**.

6 ☑ She feels annoyed by cyclists and pedestrians at certain times.

7 ☑ Cycling is seen as the ethical way of getting around London.

TEXTAUFGABE

Text 1 A Global City, at a Crossroads

Questions on the text

1 **TIPP**

Outlining a characterisation of the British capital and how it has changed over the last 20 years is not an easy task as the information required is spread all over the text. In addition, it needs to be structured coherently. An introductory sentence is not obligatory, but it might be a nice beginning of the "Questions on the text" part of your Abitur.

In her article "A Global City, at a Crossroads", Sarah Lyall describes how London has changed in the course of 20 years. The British capital has always been and still is a city full of truly British landmarks like Big Ben or Buckingham Palace (cf. ll. 19/20). The author calls it "prosaic and straightforward" (l. 8) and contrasts it with Paris (cf. ll. 8/9).

Yet, in the 20 years before the Brexit vote, London in all its down-to-earth Britishness became a very international place: among its 8.7 million inhabitants there are people from 270 nations (cf. ll. 20/21). London has turned into a city where German architects and French lawyers live and work (cf. l. 44), where thousands of economic migrants from European countries do menial jobs (cf. ll. 51–53), where Russian oligarchs and monetary elites from other parts of the world own real estate (cf. ll. 34–37), and where Sadiq Khan, the Muslim son of a Pakistani bus driver and a seamstress is the city's mayor (cf. ll. 49/50). In London's boroughs rich and poor from a multitude of ethnic and cultural backgrounds live side by side relatively peacefully (cf. ll. 18/19, 54–56). As a result of this diversity, London has developed into a tolerant and open-minded metropolis. The quality of the food on offer has improved (cf. l. 30) and "places stay[…] open later" (l. 30). In addition to its international flair, London has acquired a distinct European orientation. This is apparent in the Eurostar connecting St. Pancras with Gare du Nord in Paris (cf. ll. 5–7). On the whole, the city has also become wealthier, which has made its centre virtually unaffordable for ordinary citizens (cf. ll. 33/34).

Sarah Lyall, who lived in London from around 1998 to 2013, welcomes the fact that London became "more open, more international, more enthusiastic, more exciting" (ll. 29/30) in that time. Therefore, the nationalist tendencies that later led to the Brexit vote, like growing anti-immigrant or anti-Muslim feelings (cf. l. 48), do not really seem to fit to this modern London, where "[e]veryone [is] all mixed up" (l. 60) and differences are not regarded as problematic because diversity is a vital part of the city (cf. ll. 31/32).

2 **TIPP**

The author uses St. Pancras station as a symbol of a London between British traditions and a pre-Brexit European perspective. You can find this information in the first 14 lines of the text. By returning to St. Pancras to conclude her article, she uses the image once again. Yet, in the last three paragraphs of the text (ll. 70–81), the colours of her image have faded. "Analyse" suggests that it is not enough to merely find the references to St. Pancras, but you also have to analyse their symbolic meaning.

St. Pancras is a railway station in London. Pompously built during the Victorian era and "resurrected for the 21st century" (ll. 1/2), it is a reminder of the power and glory of the British Empire.
However, it is not just one of many stations in the capital: since 2007, it has served as the terminus for the Eurostar, a high-speed train linking London with Paris via the Channel Tunnel in less than three hours (cf. ll. 5–7). It has thus become a manifestation of a new glory and greatness, which stems from Britain's bond with the continent, a symbol of Britain's place in "a fellowship of nations" (ll. 3/4). In other words, St. Pancras appeared to unite Britain's past with its supposed European future.
A station is a fitting symbol. It is a building many people pass through on a daily basis without really thinking about it much. It thus stands for the fact that Britain's belonging to Europe has become as "natural as stepping onto a train" (l. 4). Furthermore, the Eurostar departing at St. Pancras – a modern high-speed train – embodies the progressive movement associated with the European idea.
Sarah Lyall takes the reader back to St. Pancras on the day Theresa May, the British Prime Minister, officially activated the Brexit process (cf. ll. 70/71). On the surface, nothing seems to have changed: the trains to France still run and nobody is rejected by the border guards (cf. ll. 71/72). Piano music can be heard in the station, coming from an instrument installed there for anyone to use (cf. ll. 72–74). The pianist is playing Leonard Cohen's "Hallelujah", upon request by a couple wishing to express their joy over Brexit (cf. ll. 75–79). They feel that Britain has regained its independence by severing its ties with Europe. The song's title sounds like a suitable choice, but on closer inspection, it is full of sadness, which the author finds quite appropriate for the day (cf. ll. 80/81).

3 **TIPP**

Although the answer to this task only gives you a maximum of 10 credits, it requires thorough examination. You need to examine how the consequences of Brexit are reflected by the author's use of language. Do not only enumerate examples of stylistic devices, but read them as tools used by the author to get across her point, i. e. the negative consequences of Brexit. You are only required to discuss three stylistic devices. This answer includes antithesis, enumerations and rhetorical questions, yet you could also mention other linguistic devices, like personification ("the country is becoming cold and mean-spirited and indifferent to their presence, if not openly hostile toward them", ll. 45/46; "you can hear faint footsteps, too. Banks, investment firms and other companies are making contingency plans to move elsewhere", ll. 64/65).

Sarah Lyall believes that Brexit will have negative consequences for London. She expresses this opinion through her skilled use of language.
Antithetically contrasting a tolerant London with the new atmosphere is a stylistic device to criticise the decision to cut the ties with the continent: Lyall points out that many Londoners regret that "the sense that it is better to look outward than to gaze inward" (l. 17) has been lost. Thereby, post-Brexit Britain, considered a nation exclusively occupied with itself, is contrasted with the open-minded and future-oriented country it used to be.
By using enumerations, accumulating the different areas affected, the impact of the decision is further stressed: "the easy exchange of people, capital, jobs, businesses and languages" (ll. 24/25) is no longer possible.
Yet, it is not only the world of business that will suffer: foreigners perceive Britain as more and more "cold and mean-spirited and indifferent to their presence, if not openly hostile toward them" (ll. 45/46). The increasing degree of rejection in this enumeration from "cold" to "openly hostile toward them" is cleverly reflected by the increasing number of syllables used.
With the following elliptical rhetorical question "What then?" (ll. 65/66) the author emphasises that the decision to leave the EU is a short-sighted one. The British government and all in charge do not have any realistic solutions to fill the gaps Brexit leaves in the city.
To sum up, the language used by the author helps her to get her message across: Brexit will hurt London.

1 **TIPP**

"Discuss" suggests that you argue for and against the notion of free Interrail Passes for 18-year-old EU residents. A common structure is that you first put forward the arguments speaking against your own opinion and afterwards focus on those supporting your view. However, you can also deviate from this structure. The following solution is an example for this different strategy: after an introduction, it first names a strong argument for free Interrail Passes, then anticipates possible criticisms against this notion before concluding with another strong argument for the idea. The conclusion then explains that free Interrail Passes for EU residents are a good idea despite their drawbacks.

Europe by train

A tidal wave of populist nationalism is sweeping across our continent. The British vote to leave the EU as well as successful Eurosceptic parties, e. g. in Austria, Hungary or Poland, vividly show that the idea of a united Europe is no longer as popular as it used to be. One of the proposals put forward time and again to strengthen a European identity, particularly among young people, is to give every 18-year-old a free Interrail Pass.

First of all, complimentary train tickets would be a very obvious benefit from Europe, an abstract entity that many Europeans associate with red tape and grey second-rate politicians. Although the EU has brought the continent far greater advantages than potential free train travel, notions such as a single market or over 70 years of peace are harder to appreciate individually than a trip to Paris or Stockholm, where you can meet fellow European citizens as well as see the sights and get to know the continent.

Yet, even if a single free Interrail Pass might not cost a fortune, handing them out to every 18-year-old in Europe would cost a substantial sum. The money could be invested in more reasonable projects rather than allowing EU citizens free travel through Europe. If the EU used its funds to support more convincing projects, it would have to waste tax payers' additional euros on publicity stunts like this.

In addition to the immense costs, the measure would only produce limited results. At the age of 18, many teenagers are already politically biased. Therefore, only those who are open-minded would make use of a free rail pass. Those with narrow nationalist backgrounds will stay at home, grumbling about the EU wasting money on various silly projects including free travel allowances for young "lefties".

However, if the idea were not stopped by petty reservations, a lot of Europeans would spend quite some time in trains between Lisbon and Helsinki, Edinburgh and Athens, which is part of the value of the Interrail Passes. During the time spent on board an Intercity or a TGV, it is nearly impossible to not interact with fellow passengers. In other words, you are almost forced to get to know citizens from the countries you visit.

In spite of the costs, free Interrail Passes could pull Europe closer together by a means of transportation that to some seems as outdated as the idea of a united continent. Gaining the support of young Europeans should be worth every single euro.

2 **TIPP**

Before you discuss a quote, it's important to fully understand what it implies: in the quote at hand, the process of travelling is regarded as being more precious than the arrival at a destination. You will have to find some interesting arguments to agree or disagree with the statement. You need not limit your answer to the literal meaning of the quote, but can also interpret it in a figurative sense.

To travel hopefully is a better thing than to arrive

When Johann Wolfgang Goethe travelled to Italy in 1786, it took him weeks just to cross the Alps. Modern technology has made travelling a lot safer, faster and easier. Compared to the arduousness Goethe had to endure to reach Italy, the same trip is not much of an adventure for modern tourists. Motorways, mobile phones, credit cards and modern conveniences in general have made travelling for many merely a period of time lost before arriving.

German employees have 25, maybe 30 days off a year. The pace of their lives constantly accelerates, so that they want holidays to be a period of relaxation and leisure. Unlike Goethe, most do not look for input but search for the opposite. Modern holidaymakers seek a good place to stay, with a journey there and back as short as possible. They have no time to lose.

Yet, it is somewhat absurd to travel like that, as the real benefit of travelling is learning something new. Reaching your destination thus concludes the voyage through unfamiliar territory as you come to a place where you settle down, if only briefly. The actual adventure of travelling can start again only if you set off once more. Robert Louis Stevenson was right: "To travel hopefully is a better thing than to arrive." Instead of rushing to the next destination, we must again learn to appreciate the process of travelling, much like Stevenson did or Goethe before him.

And this is not only true when it comes to holidays: a lot of people struggle through their working day to enjoy their evening at home, they plough through the week to reach the weekend or they stay in a mediocre job to finally enjoy retirement. Is it really worth it? We should listen to Stevenson's wisdom and choose a life and career which is fulfilling itself instead of hoping to find a job that pays well enough to buy a few moments of comfort, when we are not at work.

3 **TIPP**

This text needs more prewriting consideration than some of the others. First you need a film or book featuring a character struggling to find his or her identity. Ideally, it is a story that appeals to the readers if it is to appear in a school newspaper. Once you've got your topic, you need to present the book or film in an interesting way to the readers as well as deal with the notion of identity as required by the task.

It didn't let me go!

Cloning and organ donations don't sound like fun topics. Yet, despite the gloomy subjects it deals with, *Never Let Me Go* by Kazuo Ishiguro is a pleasant novel. It is casually told by Kathy, one of the main characters, and sounds like a boarding school story from a fictional 1990s England.

Among all the stories that take place in Hailsham, the boarding school Kathy and her friends go to, the reader and the characters constantly have the impression that there is something odd about this place. When one of the teachers reveals that all the children's sole purpose in life is to eventually donate their organs, the pupils take it with composure and even relief.

Although they learn about their predetermined destiny, Kathy and her clone friends now have an even greater riddle to solve: they are human in a way and still aren't in another. So, what are they? Their ability to love and to create art gives them hope that they might be accepted as legitimate members of the human race – only to be rejected merely as clones who have to donate their organs whenever required.

Kathy, and her gang submissively accept this fate. But would you, too? It's hard to tell. And you can also take another decision: if you don't like reading so much, you could watch the film. It's great. But even though I really liked Carey Mulligan as Kathy, I'd read the book first: it leaves more room for human imagination – and it won't let you go easily.

4 **TIPP**

If you are familiar with the British decision to leave the EU, this cartoon should not worry you too much. The task determines the structure of your text as you are required to first describe the cartoon, then interpret it and finally comment on it. To find the correct words to name the vehicle and its parts, use a dictionary. Also think of synonyms to avoid overusing "raft" or "log".

The cartoon, showing a man on a raft alone at sea, is a comment on the British vote to leave the EU. The raft consists of logs tied together by a rope. The names of different EU member states are written on them. A European flag, which is slightly frayed, serves as a sail and is fixed to a small mast. The man who is clinging to it is looking fearfully at the English log which has come untied and has begun to drift away.

The cartoonist interprets the European Union as a raft that keeps the continent's nations afloat. This obviously only works if all the logs are securely attached to each other. Even if the floating device could still do its job without the British log, the danger that a chain reaction might be triggered is imminent. If the rope that holds the construction together is cut in one place, other parts might come off, too, which could end in disaster. On a political level, Brexit could inspire other nations to exit the EU as well. If this happened, the already fragile structure of the union, which is also symbolised by the state of the European flag, might be weakened even more. In the end, this might lead to a collapse, which would leave the EU member states shipwrecked.

Although Brexit does pose a genuine threat to the existence of the European Union, I do not entirely agree with the way it is depicted here: Britain, and not only England as it is incorrectly marked in the cartoon, has not come off just like that. The cartoon ignores that a majority of the British electorate, egged on by a populist media campaign, has willingly decided to cut the rope.

Text 2 The Mysterious Bullet

Questions on the text

1 **TIPP**

Although you will only get 10 credits for this task, it is important for you to read the first part of the text very carefully as it is there that you are given a lot of information on Rebus's retirement and life as a pensioner. Do not leave out any relevant details. However, "outline" means that you simply have to gather the main information from the text, therefore, your answer should not contain interpretations, personal comments, etc.

Detective Inspector Rebus has recently retired. He left work without much ado even refusing his colleagues', Siobhan Clarke's and Malcolm Fox's, offer of going out for a drink together (cf. ll. 1/2). In the four weeks of his retirement he has been trying to avoid contact with his former workmates who seem to be worried about him settling successfully into his new life as a pensioner, but Siobhan's efforts of drawing Rebus out of his shell have failed so far (cf. ll. 2–6).
When the phone rings one evening, Rebus hesitates before finally answering Siobhan's call (cf. ll. 17/18). As he does not want to admit that his monotonous life is without any real purpose (cf. ll. 10/11) and that he has failed to give up his habits of smoking and drinking too much (cf. ll. 7–9), he takes refuge in irony, calling his pub crawls his training for the Edinburgh Marathon (cf. ll. 19–21), an irony that is immediately evident to his former colleague, who seems to know John and his character traits well. His intentions of having a go at new activities have come to nothing and in his heart of hearts he knows that he will throw away the list of things to do which he has drawn up and which he has been using as a coaster for his coffee (cf. ll. 12–14).
All in all, it is obvious that Rebus has not been able to adapt to his new life as a pensioner yet, which is also evident from his eagerness to return to investigative work when Siobhan calls him about Cafferty (cf. ll. 28–38).

2 **TIPP**

This question clearly indicates the part of the text you have to work with. You are supposed to start your analysis in line 28 and to examine the scene before Cafferty's house, which means that the part of the text you should analyse finishes in line 54, before Rebus enters Cafferty's house. Make sure to deal with both parts of the task by looking at people's interactions and by showing how Rebus acts outside Cafferty's house. "Examine" requires you to not only pay attention to the content of the text, but to also read between the lines and analyse how a certain effect is created by the use of language, the structure of the text, etc.

The metaphor of Rebus's "brain switching gears" (l. 28) at the mentioning of Cafferty clearly shows that the former Detective Inspector is quite capable of talking seriously and without any trace of irony when the situation demands it or when his interest is roused. His questions and commands are short and to the point (cf. ll. 28, 30, 32, 34) and he instantly turns from a frustrated pensioner into an efficient policeman. Gone is his indecision about what to do next when he turns down Siobhan's offer of having a police car come and take him to Cafferty's house. Instead he immediately hails a taxi and simply informs his former colleague about his imminent arrival thus taking control of the situation (cf. ll. 34–38).
Upon his arrival at the scene of the presumed shooting Rebus's transformation into an energetic personality becomes even more obvious as it is contrasted with the helpless and rather lame attempts undertaken by Siobhan and Malcolm to get into contact with Cafferty. Instead of ringing the bell (cf. l. 39) or "shouting through the letter box" (l. 44) which the acting officers have tried in vain, Rebus takes the initiative and calls Cafferty on the phone. Using the unorthodox approach of threatening to get into the house by breaking a window (cf. ll. 49/50) he gains entrance on the condition of going in alone. Although Siobhan does not like the idea of her former colleague entering the house on his own, she does not press the point but submits to Rebus's authority and does not stop him (cf. ll. 51/52). Given that Rebus is retired and formally has no right whatsoever to meddle in police work, this behaviour can only be explained by the respect she still has for his ability to solve a crime. His no longer being in the police force is exactly the argument Rebus puts forward to justify his action. He reasons that it is quite safe for a retired police officer to talk alone to the presumed victim of a shooting (cf. ll. 53/ 54).
The situation outside Cafferty's house shows that Rebus is enjoying himself when he slips back into his role of capable policeman who commands his colleagues' respect without any evident effort. It also shows his unusual and independent style as an investigator who makes decisions on his own without much regard to conventional police rules and who approaches Cafferty, a man quite difficult to handle when acting in accordance with the rulebook, rather instinctively.

3 **TIPP**

Here you have to deal once more with a question that consists of two parts, i. e. a characterisation of Cafferty and an analysis of his relationship with Rebus. For your answer you will not only have to examine the text attentively, but you will also need to read between the lines to deduct character traits. Make sure to structure your answer carefully because you will not be able to strictly separate its two parts.

Cafferty is an elderly man (cf. l. 66) who seems to live in comfort in a house in Edinburgh. The living room with its bay window boasts "[a] black leather suite [and a] vast flat-screen TV" (ll. 60/61). Cafferty somehow resembles Rebus whose outer appearance and background he shares (cf. ll. 66/67) but that is where the points of similarity between the two men end: whereas Rebus was a police officer, Cafferty is a cunning criminal whose last stay in prison ended prematurely after a deliberately false cancer diagnosis (cf. ll. 68–70). He also appears to be unscrupulous because he seems to have informants within the police force as he knows about Rebus having no retirement party (cf. l. 72).

Possibly during his career as a criminal, Cafferty appears to have made enemies because he was shot at through the window of his house (cf. ll. 29, 84). Whether the attacker's intention was to kill Cafferty or whether this ill-fired shot was meant as a warning does not become clear. In any case, Cafferty's behaviour is quite peculiar, probably because he knows the assailant and fears worse when he voices his suspicions to the police. Thus, he does his very best first to keep Siobhan Clarke and Malcolm Fox out of this business and then to bamboozle Rebus. While he refuses the former entry to his house (cf. ll. 31, 44), he does not want the latter to examine the scene of the crime too closely. He attempts to keep Rebus away from the living room by trying to lead him into the kitchen, a plot that fails (cf. ll. 57–59). Once in the living room which he has already tidied up, Cafferty desperately tries to make light of the affair by making fun of "this mysterious bullet" (l. 75). Nevertheless, as Rebus has been there before, he finds the bullet hole in the wall behind a large picture which Cafferty hung there in exchange for a smaller one. Cafferty's removing the bullet and his urging Rebus not to pursue the matter show the extent of his terror (cf. ll. 80–89).

Cafferty's relationship with the former detective is somewhat ambiguous. On the one hand, the two men do not seem to like each other: although Siobhan calls Cafferty Rebus's "old friend" (l. 27), this is definitely ironic, as becomes clear from both the description of their former encounters (cf. l. 69) and their mutual taunts: Rebus sarcastically regrets that Cafferty was not hit by the bullet (cf. l. 74) and Cafferty mocks Rebus for not having "enough friends [...] to even fill the back room at the Ox" (ll. 72/73). This latter exchange also reveals Cafferty's inside knowledge of Rebus's favourite drinking venue. The two men seem to know each other really well, which can also be concluded from the fact that Cafferty allows Rebus, and only him alone, to set foot in his house (cf. l. 51). He suspects that a determined Rebus will not be deterred from entering the house and that his threat of smashing the window to gain entrance might

not be an empty one (cf. ll. 49/50). Rebus who even has Cafferty's phone number saved on his mobile phone (cf. ll. 46/47) reads his former opponent easily and very quickly uncovers what Cafferty has tried to hide. When that happens, Cafferty gives up the pretence of being self-confident but begs Rebus not to inquire any further, calling him "John" and gripping him by the arm (cf. ll. 88/89).
This reaction shows that despite their being on different sides of the law throughout their lives and despite their hostilities, Cafferty seems to trust the retired police officer, at least more than other members of the police, although he is also wary of him and his abilities as a detective.

Composition

1 **TIPP**

"Discuss" means that you are expected to put forward pros and cons before you state your opinion and come to a conclusion. Make sure you express your points in a reasonable structure, e. g. by putting forward the arguments that support your view after those that contradict it.

1984 come true in 2018?

Nowadays, vandalism in schools is a serious problem and whether or not to install CCTV cameras to prevent it has become a contentious issue for many of them.
Proponents of CCTV cameras have some valid arguments on their side not the least of which is the cost factor. Everything damaged or destroyed in an act of senseless aggression towards public property has to be replaced. If the perpetrators cannot be found out, the schools themselves will have to spend money on the renovations, which could be used more profitably for important improvements.
Another argument is a growing unease and distrust among the students. Not knowing who an act of vandalism has been committed by or when to expect the next attack can create a climate of insecurity where unfounded accusations against innocent people might be made or wild rumours may spread. So, would it not be better to be able to trust the alleged unambiguity of camera pictures?
Opponents of CCTV cameras also present sound and justifiable arguments for their view. First and foremost is the aspect of people's privacy which is definitely at risk when each and every one of their movements is recorded. The feeling of being constantly watched can prove quite stressful and might keep a person from behaving naturally. Therefore, CCTV surveillance would target everyone because of a few people's crimes.
A second reason and even more important argument against cameras is unsafe data storing. Most often it is unclear how long information will be kept and who can access it, not to mention data security and data theft. It does not bear thinking what criminals might do with data collected at schools.

Therefore, CCTV cameras, although useful, should be kept out of our schools. Generally, keeping people under surveillance is much less effective and advisable than a gradual education as to the value of respecting somebody else's property, something that is hopefully achievable through other means than cameras and the climate of mistrust and suspicion they create.

2 **TIPP**

Before writing a comment you have to make up your mind whether you agree or disagree with the given statement and find pros or cons accordingly. You may very well give your opinion in the introduction and support your point of view with valid arguments in the main part.

Tradition versus progress

Andy Rooney's statement that "[t]he best classroom in the world is at the feet of an elderly person" suggests that elderly people, due to their life experience and wisdom, are the best teachers and students should learn from them by following their example. This learning strategy may have been valid in Rooney's youth, but I do not think that it still applies entirely today.

In recent years, the world we live in has changed almost beyond recognition. Virtually overnight, old political alliances cannot be relied on as firmly as before when changes developed at a more moderate pace and therefore could be monitored more easily. Globalisation and with it the related questions of international trade, exploitation of the poorest and the disregard for human rights in various countries are on the agenda all of a sudden. If you add the impending disaster of a man-made and worldwide climate change then it becomes clear that the experience handed down by former generations will be of little help, because it will not teach you how to deal with the current situation.

Another development which probably overtaxes most elderly people is the use of modern communication technologies. The rapid and unprecedented decline of print media and the ever-increasing importance of information technology as a spontaneous and far-reaching means of spreading news necessitates a different and modern approach to handling a mass of information which cannot always be taken at face value and which needs careful sifting.

Therefore, it is no longer enough to sit at somebody's feet and listen to them. Nowadays, young people have to act swiftly and with determination and take responsibility for their own decisions. Young teachers might appear better equipped to relate to today's youth and the challenges they face. Despite all this, I do think that it is less a teacher's age and more their willingness to keep an open mind and encourage students to think for themselves that is important.

3 **TIPP**

Once more Shakespeare is a safe guess for this sort of literary essay. He does not deal with petty crime in his tragedies but shows human beings at their worst. He is a master at exploring criminal minds and thus provides you with an excellent basis for your composition. Don't imitate his language though but adapt your style to what you might find in a school magazine.

Crime does not pay

Boring old Shakespeare? In this edition of our school magazine I want to present to you one of Shakespeare's thrilling tragedies which tells the amazing story of a war hero's downfall. Its title: *Macbeth*. The setting: 11th century Scotland. The story: on their return from a battle in which Macbeth killed his King Duncan's enemy Macdonwald, he and his friend Banquo are waylaid by three witches who prophesy that Macbeth will be the next king of Scotland and that future greatness lies in store for Banquo's descendants. So, Macbeth plots the king's murder to step into his shoes. Supported and urged on by his ambitious wife, Macbeth stabs Duncan to death during the king's stay at his castle, laying the blame on the king's servants whom he also murders. Duncan's sons escape from the castle.

When Macbeth is crowned king, Banquo suspects foul play and in consequence is also killed. Still, his son Fleance gets away. Others are not so lucky. Macduff, a loyal supporter of the former king, has managed to flee to England, but Macbeth has the family he left behind killed.

Eventually, the tide begins to turn and Macbeth loses support amongst his followers. Additionally, he is tortured by his bad conscience and even imagines seeing Banquo's ghost. Lady Macbeth has gone mad, tormented by feelings of horror and guilt, and finally commits suicide. Macbeth himself is killed by Macduff in the decisive battle in which Scottish noblemen and English forces fight against the tyrant.

Obviously, this is just the gist of a complex story which is more than the mere description of a series of murders committed by a power-hungry individual. Shakespeare shows how a loyal follower of the rightful king by degrees becomes a serial killer, partly because he believes in the ambiguous prophecies of witches, partly because he submits to his wife's evil influence, but also because of his own thirst for power.

In Shakespeare's world such crimes cannot go unpunished and so, it is only a question of time before the villain's downfall must happen. Crime certainly never pays, neither then nor now. Don't you agree?

4 **TIPP**

Although many of you will realise that the men in the cartoon are Sherlock Holmes and Watson, others will not associate deerstalkers and bowler hats with modern versions of Arthur Conan Doyle's detective and his sidekick. In order to interpret the cartoon correctly, it is not absolutely necessary to know who exactly the cartoonist has portrayed. If you talk of a detective and his assistant, you will also be able to find the message and comment on the cartoon after describing it in the first paragraph of your text.

The cartoon shows two elderly men in an office. Sherlock Holmes wearing a shirt and tie and a chequered overcoat is easily recognisable by his trademark deerstalker and pipe. He is sitting at his desk staring morosely at his computer screen where it says "search". The man standing to his left holding a newspaper in his hands is Holmes's assistant Watson clad similarly to Holmes and wearing a bowler hat. Looking disapprovingly at Sherlock, he is saying that he "remember[s] when [Sherlock] used to look for answers using [his] astute powers of deduction".

Watson voices the cartoonist's criticism of people's excessive use of the Internet and the resulting loss of many of their abilities and skills. Even Holmes, the world-famous detective renowned for his brilliant mind and unique capability of solving mysterious crimes, is employing some nondescript search engine for information instead of relying on personal observations before drawing conclusions. Additionally, this method of procuring data does not seem to be intellectually satisfying judging by the bored expression on the face of Holmes who usually looks thrilled when involved in an exciting investigation.

As it is, I fully agree with the message the cartoon wants to convey. All too often, people turn to the Internet to look for answers to questions or solutions to problems even though they might deal with lots of situations by simply using common sense. Thus, they could train their minds as well as remain more independent and less biased in their decisions.

MEDIATION

TIPP

For this task, you are required to write a text for a website. Your imagined target audience are young people from all over the world, which should influence your language: Colloquial forms are OK, but as the fictional website is put up by the German foreign ministry, don't be too informal. The task also predetermines the structure of your text: You should describe how the people of Cologne see themselves and focus on the Carnival as well as its role for the city and its people. Don't forget that you are supposed to write an article for a website, so you have to think about a suitable headline and structure your text in clear paragraphs. In a text like this, you can consider to leave certain terms in German if there is no real English equivalent, like "Kölner" or "Karneval" in this example. There is "carnival" in English, but by using "Karneval", you can stress the unique nature of the festival in Cologne. However, keep your target audience in mind and explain the German expressions you use.

Cologne – Live and let live in all five seasons

What makes the people of Cologne special
Cologne is a rather large German city full of life. Its population has a distinct local identity: they are *Kölner*. Typical *Kölner* are cheerful, laid-back and enjoy being sociable. The city has a reputation of being tolerant, pluralistic, multicultural, open-minded – and well – a little superficial, too. This collective self-image manifests itself famously in various songs which help to spread the positive picture of Cologne.

A fifth season: *Karneval*
The tunes are not only sung during *Karneval*, the notorious fifth season. The festival is a dress-up party celebrated by *Kölner* of all ages, social classes and ethnic backgrounds. It starts on November 11th and continues through the dark winter days into February. There is a variety of events taking place from rather private parties at home to big events in banquet halls or in the streets. Many inhabitants of Cologne are members of societies that organise these festivities. Children grow up into this culture and for adults *Karneval* is an important annual tradition. But obviously it's not everyone's cup of tea: quite a few *Kölner* avoid, ignore or even flee the partying entirely or temporarily. And that's fine. It's live and let live in Cologne or "levve un levve losse", as they would put it in their local dialect.

Why *Karneval* matters
Karneval is a great festival to unite the city's inhabitants: no matter where you or your family stem from, *Karneval* makes you feel at home in Cologne. It is a tradition beloved by a large majority of the population. Come to Cologne to join in – or don't. You won't be alone.

Abiturprüfung 2019
Bayern ▪ Englisch

LISTENING COMPREHENSION

Task 1: Huckleberry Finn — Punkte: 14

You will have 1:45 minutes to study the tasks below. Then you will hear the recording twice, with an interval of 1:30 minutes to complete the tasks. After the second listening, you will have 1:30 minutes to finalise your answers.

You will hear part of a radio feature about Mark Twain's novel *The Adventures of Huckleberry Finn*. While listening, answer the questions. You need not write complete sentences. Unless otherwise stated, you only have to give one aspect each time.

1 What did Ernest Hemingway say about Mark Twain's novel? (1)

____

2 What is/was the novel criticised for? (2)

a today

____

b when it first came out

____

3 What did Tom Reigstad and Mark Twain have in common? (1)

____

4 How did the Buffalo library get a part of Twain's manuscript? (1)

____

5 What did the Buffalo Young Men's Association do? (1)

____

6 How did Gluck try to get some of Twain's manuscripts? (1)

____

7 What happened shortly before Gluck died? (1)

____

8 Why wasn't the other part of the manuscript discovered earlier? (1)

____

9 What did Pam's sister wrongly assume? (1)

____

10 What did Reigstad want to find out after hearing about the discovery? (1)

____

11 What did some book dealers plan to do with the manuscript?
(Note down the two steps.) (2)

- ____
- ____

12 How does the Buffalo library make sure that the manuscript is protected? (1)

____

Task 2: The Psychology of Money **Punkte: 16**

You will have two minutes to study the tasks below. Then you will hear the recording twice, with an interval of 1:30 minutes to complete the tasks. After the second listening, you will have two minutes to finalise your answers.

You will hear an extract from an interview. Host Ian Sample speaks with author Claudia Hammond about money and what it means to different people. While listening, do the tasks. You need not write complete sentences.

1 The K Foundation. Complete the table. (5)

Action that shocked the public:	
Their line of business:	

What they saw their action as:	
Their initial idea had been:	
What they found so boring about their action:	

2 The Controversy. Complete the sentences. (5)

a How did people react?

A lot of people reproached the K Foundation for not ______________

____.

A few even threatened ______________________________.

b What responses to the criticism does Hammond mention?

Other celebrities ______________________________.

At least the K Foundation hadn't ______________________________.

After all, the money ______________________________.

3 Children and money. (6)

a Complete the table.

	younger children	**6- to 7-year-olds**
what they see it as		
what they do with it		______________ or ______________

b How did the children's business sense manifest itself during the study? Give two ideas the children discussed.

- ______________________________
- ______________________________

TEXTAUFGABE

Der Prüfling hat **eine** Textaufgabe seiner Wahl zu bearbeiten.

Text 1 Detroit: The Most Exciting City in America?

I've always found the best way to read a city's mood is on a bicycle. You move at a speed that allows for a kind of mutual handshake with the urban topography.

This past summer I shook hands with Detroit. Specifically, I signed up for Slow Roll, a mass social bike ride. Slow Roll (pronounced "Sloow Roooooooooll!") was co-founded seven years ago by Jason Hall and Mike MacKool as a small, motley group of cyclists who bonded while riding motorless in the Motor City[1], evading the police and potholes and irate drivers. Over the years, Slow Roll has evolved and grown up alongside its hometown and now the Detroit police escort as many as 4,000 Slow Rollers on a weekly ride designed to highlight one of the city's many historic neighborhoods.

Unfortunately, the Slow Roll I was supposed to take part in was canceled hours before its start because of a threatening thunderstorm. But, as the old saying goes, "80 percent of life is showing up." So I showed up.

The Slow Roll gathering point, in front of the old Masonic Temple, was a ghost town. There was me, a young African American man named Woody who had been Slow Rolling since the beginning ("Since before the beginning") and three middle-aged white women who had come in from the suburbs. This was their first Slow Roll and they hadn't heard the ride had been canceled.

"Don't worry," said Woody. "They're coming."

The women looked doubtful beneath their bicycle helmets. Not too long ago suburbanites rarely came downtown. I remember visiting Detroit in 2001 and being unnerved by how empty the streets were. It felt like the beginning of a zombie apocalypse movie. The national media participated in constructing this portrait of Detroit as the ultimate failed American city, artfully feeding the public's appetite for ruin porn with photos of decaying buildings, majestic theaters crumbling into dust, trees sprouting through walls.

Over the last five years, however, Detroit's downtown corridor has seen a veritable explosion in real estate investment. Much of this growth was precipitated by Dan Gilbert's now-famous decision to move the headquarters of his mortgage lending company, Quicken Loans, to a building overlooking Campus Martius Park in 2010. Mr. Gilbert, the "mayor of Gilbertville", as he is sometimes mockingly called, now owns a significant portion of the downtown, over 60 properties in all. Today, the sidewalks of Gilbertville are packed with millennials[2] taking a break from beach volleyball to sip craft beer and nibble on artisanal pickles.

As capitalism returns to Detroit's downtown in all its feverish forms, you can see the city materialize before your eyes. It's like watching hot lava cool: There is Gather, the trendy new communal table restaurant; there is the Little Caesars Arena, the new home of the Pistons and Red Wings[3]; there is the new Q-Line streetcar whispering down Woodward Avenue […].

[T]hose who have been here for the long haul were skeptical that the massive redevelopment downtown would translate to any kind of sustainable change in the surrounding neighborhoods, areas that largely bore the brunt of the Motor City's long decline. How Detroit navigates the various dangers of regeneration and gentrification seems a particularly poignant question given that this year is the 50th anniversary of the 1967 Detroit race riots that exposed the deep tensions ingrained within a city that remains one of the most segregated in the country.

Back at the Masonic Temple, the suburban women were growing restless in their activewear.

"Maybe we should leave," one of them said.

"Oh, they're coming. I bet you," said Woody. "If 100 people show up, you're buying us all dinner."

We waited. And sure enough, they started to come. And come. Detroiters, it turns out, will not be discouraged. Out of necessity, they have learned to ignore advice from officials and make do themselves. After all, it was only four years ago that their city declared bankruptcy, the largest American metropolis ever to do so. The local city government had all but stopped providing essential services. [...]

I met with a group of motivated high school and college students who were working with Phil Cooley, co-founder of the business-incubator Ponyride, and Ben Wolf, a design/build fabricator, to construct the Dequindre Cut[4] Freight Yard, a portable café, D.J. booth and pavilion made completely out of modular shipping containers.

"It's cool to actually be changing the place I live," said Jose Vasquez, a soft-spoken senior at Western International High School.

"Remind me to tell you about my next project," said Mr. Wolf as I was leaving.

In Detroit, there is always a next project. [...] RecoveryPark[5], on Detroit's East Side, [...] is in an area that was particularly hard hit by the city's downturn. There are more vacant lots than houses.

"We found that in order to be profitable you really need at least 10 acres," said Gary Wozniak, RecoveryPark's founder. "You need to go large scale." To this end, RecoveryPark has purchased or acquired over 400 parcels of land, totalling about 60 acres in all. They are essentially a commercial farm that just happens to be in a city. A key component of RecoveryPark's mission is to offer jobs and training to addicts and those in recovery programs who would otherwise struggle to find work.

"We're in this for the long term," Mr. Wozniak said. "In Detroit, you have to be." [...]

As I was leaving [...] for the airport, my phone beeped. It was Ben Wolf, the shipping container fabricator. He had forgotten to tell me about his next project. He was working with a Shakespearean enthusiast to build a mobile, three-story Globe Theater completely out of repurposed shipping containers. They were going to tour the theater around the city, performing Shakespeare's complete works for the masses.

"Wow," I said. "All the world's a stage[6]."

I had no doubt such a dream was possible. In Detroit – that fair city rising from the night sky – all dreams are possible. *(997 words)*

From: Reif Larsen, "Detroit: The Most Exciting City in America?", in: https://www.nytimes.com/2017/11/travel/detroit-michigan-downtown.html, November 20, 2017

Annotations

1	Motor City	nickname for Detroit due to its historical role as the centre of the US car industry
2	millennials	those born between the 1980s and the early 2000s
3	Pistons, Red Wings	professional basketball and ice hockey teams
4	Dequindre Cut	former railway line turned into an urban recreational path
5	RecoveryPark	an urban farm
6	"All the world's a stage"	famous quote from Shakespeare's *As you like it,* Act II, Scene VII: "All the world's a stage,/And all the men and women merely players;/ [...]"

Questions on the text **Punkte: 50**

Answer the following questions using your own words as far as is appropriate. Quote correctly.

1 Explain what "Slow Roll" (ll. 3/4) is and why the writer brings it up. (10)

2 Outline how Detroit has changed over the decades and what contribution the people in Detroit have made. (20)

3 Examine how the writer's perception of Detroit is reflected in his use of language. Refer to four examples. (20)

Composition **Punkte: 40**

Choose **one** of the following topics. Write about 200 to 250 words.

1 "[T]he best way to read a city's mood is on a bicycle." (l. 1)
Do you agree?

2 "If you really want to do something, you'll find a way. If you don't, you'll find an excuse."
(Jim Rohn, 1930–2009, American entrepreneur and author)
Comment on this statement.

3 Describe the way in which a major crisis opens up new possibilities in a literary work by an English-speaking author.
Write an article for the English edition of your school magazine.

4 Describe, analyse and comment on the following cartoon.

© *Arcadio Esquivel/politicalcartoons.com*

Text 2 You'd Recognize the Name

My father is a writer. A pretty well-known one too. You'd recognize the name if I mentioned it, but I won't mention it, I'm tired of mentioning it – every time I mention it I feel as if I'm suffocating, as if I'm in a burrow deep in the ground and all these fine grains of dirt are raining down on me. We studied him in school, in the tenth grade, […] and then again this year, my freshman year, in college. I got into a Contemporary American Lit class second semester and they were doing two of his novels, along with a three-page list of novels and collections by his contemporaries, and I knew some of them too – or at least I'd seen them at the house. I kept my mouth shut though, especially after the professor, this blond poet in her thirties who once wrote a novel about a nymphomaniac pastry maker, made a joke the first day when she came to my name in the register.

"Achates McNeil," she called out.

"Here," I said, feeling hot and cold all over, as if I'd gone from a sauna into a snowbank and back again. I knew what was coming; I'd been through it before.

She paused, looking up from her list to gaze out of the window on the frozen wastes of the campus in the frozen skullcap of New York State, and then came back to me and held my eyes a minute. "You wouldn't happen by any chance to be a relation of anybody on our reading list, would you?"

I sat cramped in the hard wooden seat, thinking about the faceless legions who'd sat there before me, people who'd squirmed over exams and unfeeling professorial remarks and then gone on to become plastic surgeons, gas station attendants, insurance salesmen, bums, and corpses. "No," I said. "I don't think so."

She gave me a mysterious little smile. "I was thinking of Teresa Golub or maybe Irving Thalamus?" It was a joke. One or two of the literary cretins in back gave it a nervous snort and chuckle, and I began to wonder, not for the first time, if I was really cut out for academic life. This got me thinking about the various careers available to me as a college dropout – rock and roller, chairman of the board, center for the New York Knicks[1] – and I missed the next couple of names, coming back to the world as the name Victoria Roethke descended on the room and hung in the air like the aftershock of a detonation in the upper atmosphere.

She was sitting two rows up from me, and all I could see was her hair, draped in a Medusan[2] snarl of wild demi-dreadlocks over everything within a three-foot radius. […] She didn't say here or present or yes or even nod her amazing head. She just cleared her throat and announced, "He was my grandfather."

I stopped her in the hallway after class and saw that she had all the usual equipment as well as a nose ring and two eyes the color of the cardboard stiffeners you get as a consolation prize when you have to buy a new shirt. "Are you really –?" I began, thinking we had a lot in common, thinking we could commiserate, drown our sorrows together, have sex, whatever, but before I could finish the question, she said, "No, not really."

"You mean you –?"

"That's right."

I gave her a look of naked admiration. And she was looking at me, sly and composed, looking right into my eyes. "But aren't you afraid you're going to be on Professor What's-Her-Face's shitlist when she finds out?" I said finally.

Victoria was still looking right into me. She fiddled with her hair, touched her nose ring and gave it a quick squeeze with a nervous flutter of her fingers. […] "Who's going to tell her?" she said.

We were complicitous. Instantly. Half a beat later she asked me if I wanted to buy her a cup of ramen noodles in the Student Union, and I said yeah, I did, as if it was something I had any choice about.

We ran through a crust of dead snow in a stiff wind and temperatures that hadn't risen above minus ten in the past two weeks, and there were a lot of people running with us, a whole thundering herd – up here everybody ran everywhere; it was a question of survival.

In the Union she shook out her hair, and five minutes after we'd found a table in the corner and poured the hot water into the Styrofoam containers of dehydrated mystery food I could still smell the cold she'd trapped there. […] "You really are his son, aren't you?" she said.

There was a sudden eruption of jocklike noises from the far end of the room – some athletes with shaved heads making sure everybody knew they were there – and it gave me a minute to compose myself […]. I shrugged. Looked into her eyes and away again. "I really don't want to talk about it."

But she was on her feet suddenly and people were staring at her and there was a look on her face like she'd just won the lottery […]. I gave her a weak smile.

"You mean, you're like really Tom McNeil's son, no bullshit?"

"Yes," I said, and though I liked the look of her, […] and I liked what she'd done in class too, my voice was cold. "And I have a whole other life too."

But she wasn't listening. "Oh, my God!" she squealed, ignoring the sarcasm and all it was meant to imply. She did something with her hands, her face; her hair helicoptered round her head. "I can't believe it. He's my hero, he's my God. I want to have his baby!"

The noodles congealed in my mouth like wet confetti. I didn't have the heart to point out that I *was* his baby, for better or worse. *(1,005 words)*

From: T. C. Boyle, "Achates McNeil". In: The Human Fly and Other Stories. *New York: Viking Juvenile 2005, pp. 95–115*

Annotations

1	New York Knicks	professional basketball team in New York City
2	Medusan	in Greek mythology, Medusa was a winged female creature with poisonous snakes instead of hair

Questions on the text

Punkte: 50

Answer the following questions using your own words as far as is appropriate. Quote correctly.

1 Examine how Achates perceives his academic environment, taking into account his attitude towards his father. (20)

2 Show how the relationship between Achates and Victoria develops. (20)

3 Analyse three images, explaining how each of them reflects the narrator's state of mind when he is in the classroom. (10)

Composition

Punkte: 40

Choose **one** of the following topics. Write about 200 to 250 words.

1 Is lying ever morally acceptable?
Discuss.

2 "I'm not the product of my circumstances. I'm the product of my decisions."
(Stephen R. Covey, 1932–2012, American educator and author)
Comment on this statement.

3 Describe the way a difficult parent-child relationship is dealt with in a literary work by an English-speaking author.
Write an article for the English edition of your school magazine.

4 Describe, analyse and comment on the following cartoon.

"To be honest, that's all most people read."

MEDIATION

Aufgabenstellung **Punkte: 40**

Your school is organising an exchange with a high school in the USA. To help the American students prepare for their stay in Germany, your school is creating a website with information on different aspects of German customs and culture.

Using the information in the text, write an article of about 250 words for this website on the Germans' consumption of drinking water both in general and in restaurants.

Text **Leitungswasser hat in der deutschen Tischkultur keinen Stellenwert**

Ein Festmahl, ein Zechgelage ist eigentlich nur so gut, wie gut und reichlich seine wichtigste Ingredienz fließt, nämlich frisches, klares Wasser. Es stillt den Durst, es begleitet und umspielt Speisen und Getränke, es erschließt oft erst den genüsslichen Gehalt des Weiteren, denn ein feiner Tropfen gegen den Durst getrunken, das wäre erstens kein Genuss und zweitens groteske Verschwendung. Überdies schmeckt frisches, klares Wasser wunderbar.

In der deutschen Tischkultur hat es diesen Stellenwert nicht. Es ist kaum zwei Generationen her, dass man sich im privaten Rahmen wirklich Gedanken über Qualität und Geschmack von Wasser macht. Dass sich etwa Brauer für ihr Bier um die Qualität dieses Grundstoffes sorgen müssen, das kannte man. Einige wussten sogar noch, dass der Geschmack von Nudeln nicht zuletzt von der Beschaffenheit des Teigwassers abhängig ist. Aber Wasser als Geschmackserlebnis, das ist neu. Vielfach wird mit Wasser immer noch achtlos umgegangen, allenfalls zwischen „mit und ohne Kohlensäure" unterschieden und dabei Leitungswasser nachgerade verachtet. Die Zunft des Wassersommeliers[1] ist noch exotisch, sie hat mit Missionstätigkeit zu tun.

Rigidere Alkoholbestimmungen im Verkehr und eine Rückbesinnung auf alles, was gesund und „pur" ist, haben dem Wasser im Alltagsgebrauch dennoch eine ganz neue Rolle beschert. 1970 trank jeder Bundesbürger pro Kopf und Jahr statistisch etwa 14,5 Liter Mineralwasser, heute sind es 175 Liter. Haben die Leute vorher Leitungswasser getrunken? Eher nicht, sonst hätte sich die Vorliebe doch halten müssen, indem man auch in Restaurant, Gasthaus oder Imbiss leichthin Leitungswasser bekäme. Seinetwegen muss man es in mancher Gaststube beinahe auf einen Streit ankommen lassen.

Bestellt man zum Essen ein Glas Wasser, macht man sich sofort verdächtig, ein ekelhafter Geizhals zu sein. Der Wirt nimmt an, man wolle das Glas Leitungswasser gratis. Denn Mineralwasser aus der Flasche – oder heute Tafelwasser aus dem Zapfhahn – ist die Ware, die einem Gastronomen in Deutschland die mit Abstand höchste Gewinnmarge bringt. Der Generalfehler der Leitungswasserdebatte ist aber, dass sie meist unter der Rubrik Sparsamkeit abgehandelt wird, also als Frage des Geldes. Dass der Geschmack, aber auch Umweltbewusstsein das Hauptmotiv hartnäckiger Nachfrage nach Leitungswasser sein kann, glaubt fast niemand.

Leitungswasser war bis vor relativ kurzer Zeit tatsächlich so eine Sache. Der auch in kulinarischen Dingen äußerst engagierte Historiker Hans Ottomeyer, lange Chef des Deutschen Historischen Museums in Berlin, erinnert daran, dass Leitungswasser noch bis in die Achtziger meist „fast bis zur Ungenießbarkeit“ mit Chlor versetzt war. […]

Selters, Urmarke des deutschen Mineralwassers, war lange Zeit ein gesuchtes Luxusgut, weil gesundheitlich absolut unbedenklich und damit die Ausnahme. Einst durften etwa in München Färber, Gerber und Kürschner an Brautagen nicht arbeiten. Da man aus den Zuflüssen der Isar schöpfte, wollte man keine giftigen Säuren und Laugen aus deren Abwasser im Bier haben. Im 19. Jahrhundert erkannte man städtische Gewässer als Brutstätten der Cholera und anderer teuflischer Gefahren. „Wasser macht Läuse im Bauch“, haben noch die Großeltern nur halb im Scherz gewarnt. Das sitzt tief.

In vielen Nachbarländern ist es schon lange Brauch, dass für den Gast als Erstes eine Karaffe Wasser auf den Tisch kommt. Dies wohlgemerkt in Gegenden, deren Wasserqualität weit unter der deutschen liegt. In Frankreich, berichtet der Wassersommelier Armin Schönenberger, hat schon seit den Sechzigerjahren jeder Gast das gesetzliche Anrecht auf einen Krug Gratiswasser. […]

Wenn Höchstpreislokale Mineralwassersorten von bis zu 100 Euro die Flasche anbieten, hat das mehr mit Verpackungsfirlefanz[2] zu tun als mit Qualität. Auch mit Wasser wird geprotzt heutzutage. Und da kommen ernsthaft Menschen und insistieren auf Wasser aus der Leitung?

Armin Schönenberger, der Wassersommelier, sieht das so: „Wasser ist ein Menschenrecht. Jeder Gast kann meiner Meinung nach überall Leitungswasser verlangen. Der Wirt kann das nicht verweigern, aber er hat nun mal das Hausrecht. Er kann bestimmen, zu welchem Preis er diese Leistung gewährt.“ Alles, was ein Wirt seinen Gästen bietet, soll seinen Preis haben. Auch Leitungswasser muss serviert werden und braucht ein ansprechendes Glas. Es auszuschenken ist Leistung. Leitungswasser darf im Lokal also etwas kosten. *(642 Wörter)*

Quelle: Michael Frank, „Leitungswasser hat in der deutschen Tischkultur keinen Stellenwert“, in: Süddeutsche Zeitung, *30. 12. 2016*

Annotationen

1	Sommelier	Experte, der Restaurantgäste bei der Auswahl von Wein berät
2	Firlefanz	überflüssiges oder wertloses Zeug

Lösungsvorschlag

LISTENING COMPREHENSION

Transcript 1 Huckleberry Finn

Rachael Gillman: […] *The Adventures of Huckleberry Finn* tells the story of the young white Huck Finn and his black friend Jim and the things they got up to on the Mississippi River.

Tom Reigstad: The American novelist Ernest Hemingway proclaimed that it's the best American novel ever written, that nothing will ever be written like it and that all American literature came from that book. The novel, while mildly controversial when it was first published, has become increasingly controversial.

Rachael Gillman: Controversial because the racial stereotypes and language used in the book seem shocking to a modern audience. But at the time it was published, it was seen as vulgar and challenging to social norms. Tom Reigstad is a professor of English at Buffalo University. […]

Tom Reigstad: My first job out of college was at the *Buffalo Courier-Express*, a thriving Buffalo newspaper, a daily newspaper that Twain had worked for years earlier and I started reading some of Twain's original writings […] and in 1979, I wrote a feature story where I researched the handwritten manuscript of *Adventures of Huckleberry Finn* that was housed in the Buffalo Library. The only known part of that handwritten manuscript to that date was the second half of the novel. […]

Rachael Gillman: Tom found out that the manuscript had been donated to the library in the late 19th century by a Buffalo lawyer called James Gluck. His granddaughter is Pam Lindholm. […]

Pam Lindholm: My grandfather'd started or he was one of the people that'd started The Buffalo Young Men's Association and that's what they did: they collected signatures and poems and whatnot and he thought it would be good to collect manuscripts and I'm sure a few others did too but he was one of the first that thought that that was a good idea. […]

Rachael Gillman: Pam's grandfather had written to Mark Twain and asked the author if he would mind sending any original manuscripts of his books that he had kept.

Pam Lindholm: Mark Twain sent him the manuscript. He said, "I can only find half of it. I can only find the second half but I'll send it to you." So he did. Well, a couple of years later Mark Twain wrote my grandfather and said, "I've found the second half and I'll send it along." […]

Rachael Gillman: But the two parts of the manuscript didn't get reunited. Shortly after receiving the other half from Twain, James Gluck died. The manuscript was left in a trunk and it was passed down through the generations of the Gluck family. Nobody rifled through the papers inside the trunk and nothing more was heard about the missing pages, until Pam Lindholm received a phone call from her sister, a librarian, in February 1990.

Pam Lindholm: So, she called and she said, "Guess what I found?" And I said, "Heavens, what?" And she said, "I found the original handwritten manuscript of *Huck Finn*." And at that time, she thought it was the whole thing because it was very fat. […]

Rachael Gillman: The sisters decided to call the auction house Sotheby's. […] news began to leak out about the remarkable discovery. […]

Tom Reigstad: […] The news went viral. The next day, there was a big story in *The New York Times*. The news went international because it was such a, you know, stunning find.

Rachael Gillman: And how did you feel at that moment?

Tom Reigstad: I just, you know, was shocked and amazed. It was such terrific news and I couldn't wait to take a look at the manuscript and see what changes Twain had made, the way he would, you know, cross things out, and add words. It's just as if you're looking over Twain's shoulder when he's in the midst of the composing process.

[…]

Rachael Gillman: […] Gluck's family, the Buffalo Public Library and The Mark Twain Project, an archive of some of Twain's works, fought a legal battle over the manuscript. […]

Tom Reigstad: Publicly, Sotheby's planned to auction off the newly discovered portion of *The Adventures of Huckleberry Finn* manuscript for between $500 and $750,000. Secretly, there was some movement by a consortium of rare book dealers across the country, who got wind of this and they had agreed with Sotheby's to purchase the manuscript for a million and a half dollars and then divide it up. […] Thankfully, that didn't happen.

Rachael Gillman: Pam and her sister settled for a much smaller amount of money to ensure it went to the Buffalo Public Library. The complete century-old manuscript is safely housed there to this day in a temperature-controlled vault where thousands of tourists come to visit it. […]

Source: https://www.bbc.co.uk/sounds/play/p04svth5

TIPP

For this part of your listening comprehension test, you will have to make short notes to answer the questions. The relevant pieces of information often follow each other in quick succession, so make sure that you are focused. It is helpful to study the tasks before the first listening so that you know what you will have to listen for. For many of the tasks, it is important that you identify the information about certain people or by certain speakers (e. g. Ernest Hemingway for **1**, Tom Reigstad and Mark Twain for **3**, the Buffalo Young Men's Association for **5**, Pam's sister for **9**, some book dealers for **11**). In some cases, the names from the task are not repeated in the text, so you will have to infer from the context that Gluck is Pam's grandfather (task **6**) or remember Reigstad from the sound of his voice (task **10**).

1 best American novel (ever written)/nothing will ever be written like it/ all American literature comes from it

2 **a** (containing) racial stereotypes/(racist) language

b vulgarity/(being) vulgar/challenging to social norms

3 (at different times) worked for the same (daily) newspaper/worked in Buffalo

4 was donated/given (to the library) (by a lawyer)

5 collected poems/signatures/manuscripts/collected various literary documents

6 wrote to the author/Twain (and asked for manuscripts)/asked author/Twain for manuscripts

7 Twain sent the other half of the manuscript/Gluck received the other half of the manuscript/the first half of the manuscript of *Huck Finn*

8 was left in a trunk/nobody looked through the papers

9 (that) she had found the whole manuscript

10 what changes Twain had made/about Twain's composing process/ which words Twain had crossed out/added

11 • purchase it (for a million and a half dollars)

• divide it up/sell it to different buyers

12 (housed/stored) in a temperature-controlled room/vault/safe

Transcript 2 The Psychology of Money

Ian Sample: Claudia, you open the book talking about the K Foundation burning a million quid in 1994. Take us through just what happened for those of our listeners who can't remember it. But why did it upset people?

Claudia Hammond: So, the K Foundation was the name that the band that had been called KLF gave themselves, and they had a million pounds that they'd made through their records and they decided to go to the island of Jura and they found this kind of old little shepherd's hut and they decided to burn all the money. And they decided to do it as a piece of art. They had been going to put it in a … they wanted to put it in a gallery, in a frame, all stapled in but everywhere said security was too difficult for that so they couldn't do that. So, they decided they would just burn the whole thing and there are extraordinary videos still online of them … of doing this burning and it's sort of odd to watch because it's stripping at first and then strangely boring because actually it takes ages and they complained at how boring it was throwing these bundles of 50 pound notes into the fire. But people were really, really upset about it and people hated them for it, they had death threats. They had all sorts of discussions with … on TV about it and people really, really were angry and people were saying, "Well, why couldn't you have done something useful with this money? Why couldn't you have given it to charity?" And what I thought was really interesting – people keep asking why they did it – but what I think is interesting is why everyone was so angry about them doing it. You know, it was their million pounds. Yes, they did waste it but lots of rock stars will fritter away a million pounds, you know, throwing TVs out of hotel windows or buying drugs or getting drunk or whatever they want to do or having super yachts. So why were people so much more angry about this? It is just pieces of paper. You know, they said at one point, "Well, there are no fewer apples left in the world, there's no less bread left in the world, so what does it matter?" And yet, there's something about the destruction of money that makes people really, really upset and I think it's this … because of the destruction of the possibility for things. And these pieces of paper that we've all agreed mean something are about the possibility of what you could do with them.

Ian Sample: When do we first develop a relationship with money?

Claudia Hammond: Well, little kids get interested in money and some parents will give them regular pocket money from when they're quite small but often relatives will give them, you know, shiny coins to collect. I can remember my grandparents giving me, you know, shiny 1ps and 2ps and piling them all up. And what's really interesting is that little kids don't know what it's worth. They often have no idea. You know, they might be able to tell you that all together they've got, you know, £2.43. But they've no idea what they could get with that. Not even in terms of sweets or something like that. They kind of got no concept of it. And then of course, gradually, they start to realise what it can buy and why pocket money is valuable and how, if you stack it up and save it up, you can get something bigger than if you spend it every week and then, you start to see different attitudes emerge. And you know, some people will be very good at saving from the start and others won't.

Ian Sample: It must go from a point where these are just nice attractive objects, just as purely pieces of metal and maybe paper, who knows, through to them being assigned values by this sort of higher body, the adults, and that must presumably change the relationship where they suddenly see that actually it's not just about which is prettiest or which is made of which colour. It's about actually assigned values to that and I don't know at what age that starts to kick in at.

Claudia Hammond: I mean that's right. It starts … it's just treasure in the first place and then gradually it becomes clear again that like with the K Foundation burning their money that it's got possibilities. […] And so it depends with different kids what age they do that, but by the age of six or seven, they can be really quite knowledgeable about money and about the possibilities of making money. You know there was a nice study that was done where the children were putting on a play and there was a researcher just watching them and they could do the play however they wanted. And one of the first things the kids started discussing was whether they could charge for tickets and how much they could charge and whether people would still come if they had to pay and could they sell DVDs of it afterwards if they filmed it and so already a kind of business sense, a money sense, was coming into them there. […]

Source: https://www.theguardian.com/science/audio/2016/may/20/the-psychology-of-money-podcast

TIPP

Usually, the listening tasks follow the text chronologically. However, for task **2**, you will have to understand the whole controversy and fill in the gaps accordingly. What people threatened to do to the K Foundation is mentioned before the reasons for their reproaches, for example. For gaps like the first one in task **2b**, you can either give a very precise example of what other celebrities did or summarise their actions in your own words. Similarly, how children see money (task **3a**) is mentioned several times and in different words. For task **3b**, make sure that you focus on the study mentioned to find the relevant extract of the recording.

1

Action that shocked the public:	they burned a lot of money / one million pounds / quid
Their line of business:	music / (they are a) band
What they saw their action as:	(piece of) art
Their initial idea had been:	(to) display the money in a gallery / (to) put the money in a frame
What they found so boring about their action:	it took a (very) long time / throwing bundles of 50 pound notes / the money into the fire

2 **a** A lot of people reproached the K Foundation for not **giving the money to charity / doing something useful with the money**.

A few even threatened **to kill them**.

b Other celebrities **waste money, too / throw TVs out of hotel windows / vandalise hotel rooms / buy drugs / get drunk / have super yachts**.

At least the K Foundation hadn't **wasted any food / apples / bread**.

After all, the money **was theirs / was only pieces of paper**.

3 Children and money.

a

	younger children	6- to 7-year-olds
what they see it as	treasure / (shiny) pieces of metal / paper	possibility / (being) valuable / having value

what they do with it	pile it up / collect it / (admire it)	save it or spend it

b whether they could charge for tickets / how much they could charge / would people come if they had to pay / could they sell DVDs of the play

TEXTAUFGABE

Text 1 Detroit: The Most Exciting City in America?

Questions on the text

1 **TIPP**

While the first part of the task merely requires you to collect all the information about "Slow Roll" mentioned in the text, the second part asks you to give your interpretation of the reasons why the author discusses the cycling tour.

In the article "Detroit: The Most Exciting City in America?", published in the *NY Times* in November 2017, Reif Larsen writes about "Slow Roll", a weekly social cycling tour in Detroit joined by up to 4,000 people. "Slow Roll" was initiated by Jason Hall and Mike MacKool in 2010 and has brought together a diverse group of locals pedalling through different historic parts of Detroit. The movement, which was not received well by both the police and motorists in the beginning, has grown into a recognised regular public event retaining its original diversity (cf. ll. 1–9). Larsen illustrates this by mentioning Woody, a young black man who has been participating for a long time, as well as three elderly white newcomers from the surrounding area (cf. ll. 14–16). By "rolling slowly" through different neighbourhoods of Motor City, Detroiters get to know their city and each other as well as identify with a place that used to be synonymous with "the ultimate failed American city" (ll. 22/23) not too long ago.
Larsen brings up the bike ride for mainly two different reasons. Firstly, as the author himself participated in the tour, he can provide first-hand experience, which makes his article credible and original. Secondly, according to Larsen, cycling is the best means to discover the atmosphere of a city (cf. l. 1) so the event is a perfect example of what the journalist tries to show in his text: People from different social backgrounds come together, and in doing so, change their city for the better. Particularly by stressing the turnout of people despite the thunderstorm warnings and the official cancellation of the tour (cf. ll. 10/11), Larsen highlights the Detroiters' spirit. As he puts it, they "will not be discouraged. Out of necessity, they have learned to ignore advice from officials and make do themselves." (ll. 51/52)

2 **TIPP**

For this task it's necessary to first find all the relevant information, which is spread all across the article. To outline the change of Detroit, first describe its state prior to the new development. When you talk about the contribution the people in Detroit have made, try to avoid getting lost in details and sum up the actual effect the projects have on the citizens.

The city of Detroit and especially its city centre have changed considerably over the past decades. After the decline of the car industry, which had given Detroit its nickname "Motor City", it was considered and portrayed as an ultimate failure by the media (cf. ll. 22/23), with crumbling buildings, rotting theatres of faded splendour and ramshackle, deserted houses overgrown by trees (cf. l. 24). Larsen refers to one part of the city as a "ghost town" (ll. 13/14) when he visits in 2017. Thinking back of 2001, he remembers deserted streets (cf. l. 21) that felt like the set of "a zombie apocalypse movie" (l. 21). The failing infrastructure reached a low point when the local government declared bankruptcy in 2013, almost ceasing to provide even essential services in its wake (cf. ll. 52–54).
The comeback story of Detroit is all the more amazing as it occurs in a city marred by division and segregation, which violently erupted in 1967 and which still is a concern to be dealt with (cf. ll. 41–44). Yet, people from various backgrounds have contributed to a remarkable development which makes the claim in the title of the article that Detroit is the most exciting city in America seem quite fitting.
Dan Gilbert's decision to move the headquarters of Quicken Loans, his financial company, to Detroit's downtown in 2010 was vital for the city centre's economic recovery. Mr Gilbert now owns some 60 properties there and his initiative has sparked a sharp rise in real estate investment in downtown Detroit, which again has attracted young people to spend time in parts of the city that used to be more or less abandoned only a couple of years ago (cf. ll. 25–32).
This growth has brought back not only jobs and people, but also urban life to the inner city: There are now bars and restaurants, as well as a new sports arena for Detroit's NBA and NHL teams and there is even a tram line (cf. ll. 30–37).
Furthermore, this progress has motivated people like Gary Wozniak, Ben Wolf, Jason Hall and Mike MacKool, who are trying to create a positive impact with their projects. Mr Wozniak's idea of an urban farm gives jobs and hope to people, e. g. former drug addicts, who have difficulties finding employment elsewhere (cf. ll. 68–70). Mr Wolf works with used shipping containers: His first project, a portable café and club, is well-established (cf. ll. 56–58), while his new idea of a travelling theatre is still just a vision (cf. ll. 72–76). The urban cycling tours kicked off by Mr Hall and Mr MacKool have connected Detroiters with their city as well as with each other (cf. ll. 3–9).
Even though the path towards a brighter future for the "Motor City" seems by no means an easy one, its citizens' willingness to "go large scale" (l. 66) and invest in "the long term" (l. 71) as well as their energy, optimism, creativity and resilience are strong indicators that the city's engine is springing back to life. Larsen quotes a High School

senior, who sums up the spirit nicely: "'It's cool to actually be changing the place I live'" (l. 59).

3 **TIPP**

For your answer it is necessary to connect the two aspects of the task: the author's use of language and his view of Detroit. You can easily find many figures of speech in the article, but make sure that you meaningfully connect them to the author's feelings either towards the miserable state of Detroit before its comeback or his admiration for the recent development. Other examples of stylistic devices not mentioned in the sample solution include the following:

- handshake with Detroit (metaphor, cf. l. 3) → willingness to get to know the place, friendliness, sympathy
- "veritable explosion in real estate investment" (metaphor, ll. 25/26) → speed and scale of renovation projects
- "feverish forms" (metaphor/alliteration, l. 33) → speed and scale of renovation projects
- "like watching hot lava cool" (simile, l. 34) → speed and scale of renovation projects
- "to sip craft beer and nibble on artisanal pickles" (onomatopoeic/figurative expressions, ll. 31/32) → vivid impression of relaxed atmosphere in Gilbertville
- "In Detroit, there is always a next project." (over-generalisation, l. 62) → get-up-and-go attitude of Detroiters
- "All the world's a stage." (metaphor/allusion, l. 77) → example of transformative spirit of new projects
- "that fair city rising from the night sky" (metaphorical expression, ll. 78/79) → fairy-tale-like rebirth of a failed city

Reif Larsen skilfully uses language to stress his admiration for the development of Detroit. He does so by first employing very vivid images of the city's decline. With the enumeration "decaying buildings, majestic theatres crumbling to dust, trees sprouting through walls" (l. 24) he not only lists examples of the miserable state of the place, but also contrasts the former grandeur of its theatres with dirt and the reliability of man-made structures with the forces of nature.
Additionally, he likens people's interest for the dismal condition of the "Motor City" to the dubious pleasures of watching horror films or porn. With the simile "It felt like the beginning of a zombie apocalypse movie" (l. 21), Larsen compares the abandoned streets of Detroit with the opening sequence of a horror film, thereby stressing the city's bleak, even frightening atmosphere. "[F]eeding the public's appetite for ruin porn" (l. 23) is a metaphorical image that suggests very low physical needs that are satisfied by the photos described: a gluttonous lust or a sexual desire for destruction. In other words, by categorising pictures of Detroit as "ruin porn" (l. 23) Larsen presents the scale of the city's destruction as something sensational and conspicuous.

The author uses another enumeration to emphasise the positive effects of the new phase in the city's development: "There is Gather, the trendy new communal table restaurant; there is the Little Caesars Arena, the new home of the Pistons and Red Wings; there is the new Q-Line streetcar whispering down Woodward Avenue" (ll. 34–37). He does not only name the places, but the anaphoric structure of the sentence stresses their newness and mirrors Larsen's enthusiasm for a fast developing and varied downtown Detroit.

Another important aspect besides the many new ideas, buildings and projects in Detroit is the fact that Detroiters come together to change the face of their city. Larsen accentuates this by using contrast. At the meeting point of Slow Roll the author meets four cyclists, who could not represent Detroit's diversity any better. There is Woody, a young African American, who is a regular at the cycling tour (cf. ll. 14/15) and there are three middle-aged white women from the suburbs, who participate in their first Slow Roll (cf. ll. 15–17) wearing "activewear" (l. 46) and are nervous about venturing into downtown Detroit (cf. ll. 19/20, 45–47). The fact that these differing four join in the same project metaphorically stands for the idea that citizens come together across social, generational and ethnic boundaries to move towards a better Detroit, however slowly that may be.

Composition

1 **TIPP**

To argue whether cycling in a city is a good idea seems easy enough. A minor obstacle could be the concept of a "city's mood", but it can be understood as a city's specific atmosphere, its authentic places and the people who shape it.

Getting real on two wheels

Heading

Introduction: a city's tourist hotspots vs. its "mood"

For many tourists, London mainly consists of the Tower and its Bridge, Buckingham Palace, the British Museum, Hyde Park, Westminster, Madame Tussauds and the rest of the top tourist destinations their guidebook lists. These are all interesting places, but if you want to read the mood of a place, you need to go beyond these attractions: you need to get in touch with the locals.

First argument: where to find a city's mood

To do so, you need some time, an openness for the unexpected and the right means of transportation. You will meet very few Londoners on the hop-on-hop-off bus tour for obvious reasons. Instead, you will have to leave the beaten track and walk away from the tourist hotspots. If you do so, you will find bars and restaurants not listed in any travel guide, and you will meet people who do not wait for tourists and their money.

Yet the sheer size of a city like London makes walking it quite an endeavour. A bicycle might therefore be an ideal compromise. It takes you to places at a speed slow enough to appreciate what is around you. You can always stop to take a break or a closer look and you might even get in touch with some locals queuing at the traffic lights. Then again, cycling is fast enough for you to take in a variety of places that all contribute to the city's unique character.

Second argument: why cycling will take you where a city's mood can be found

As good as this sounds there are some possible concerns that are not unreasonable: cycling in London? Why not skydiving from the Shard? Not all places are ideal for cycling for example because of road safety issues. However, I would not consider this a contradiction of my point. To capture the atmosphere of a city, it is necessary to be open, and that also means to be flexible enough to decide against cycling where it might be too dangerous. If possible, though, I would almost always try to spend some time in a new city on a bike enjoying not only the fresh wind in my face …

Possible counterargument and conclusion

2 **TIPP**

The abstract nature of the statement gives you a lot of room for your own ideas. Normally, for a task like this, it is a good idea to start your composition by explaining the quote in your own words and then come up with some clever ideas how to agree or disagree with its message. Yet, if you write about the quote in general terms, you risk losing your thread and becoming incoherent. This solution therefore applies the statement to a very concrete situation: it focuses on future perspectives for students about to finish school and the choices they make.

Go for it

Heading

Even if the final exams at school, here in Germany known as the "Abitur", are a hard test for any student, deciding what to do afterwards is by no means easier for many. On the one hand, the possibilities seem endless, on the other, very few graduates seem to have found the ultimate answer as to what exactly they want to do.

Introduction: concrete situation in which decisions have to be taken

Many in our year are very hesitant: they often know what they do not want or what they are not good at, but have no idea what it is that actually attracts them. This indecision is often combined with an almost instinctive scepticism that there must be a catch, even if an option does not look all bad at first glance. Anna, a friend of mine, found a course at university that seemed interesting to her, but her parents told her that they would not be able to support her financially if she moved to Frankfurt, where it is on offer. The fact that she has given up on the idea rather quickly seems to show that she was not really convinced in the first place. Similarly, Severin, another classmate, is scared of registering for architecture as the course includes

Concrete examples of part of quote "**If you don't, you'll find an excuse.**"

some classes in English, which he dropped after year 10 in favour of Latin.

Yet, there seem to be a few lucky ones, too. Take Elif for example: she knows that she wants to become a surgeon – and she means it. She has always been an average student, but as she seems to have decided to become a doctor at the age of seven (!), she has worked hard ever since, studying even for silly P.E. tests which nobody else cared about. And she has done research to find ways of getting into medical college without top marks. Alexander has been dreaming of studying in the US for years. He has found a Christian charity who gives away scholarships to support children from large families like his who cannot afford to send their children to college abroad. Now, he is leaving for Arkansas in July.

Concrete examples of part of quote "**If you really want to do something, you'll find a way.**"

As you can see, it is not really a question of what your aim is, it is rather a question of how much you want it, or as Jim Rohn said: "If you really want to do something, you'll find a way. If you don't, you'll find an excuse."

Conclusion: reference to the quote

3 **TIPP**

To fulfil this task, you need to find a work of English literature which you are familiar with and which deals with a crisis that can be interpreted as a chance. Once you have found a novel or play that meets these criteria, you need to write a text that imitates an article for a school newspaper. So, bear in mind that its language and style should appeal to young readers.

It ain't easy

Heading

16-year-old Starr's life is complicated. A little more complicated than an ordinary 16-year-old's. Starr, the protagonist of Angie Thomas's bestselling novel *The Hate U Give,* comes from Garden Heights, a poor African American neighbourhood, and goes to Williamson Prep, an affluent, almost exclusively white high school, which leaves her between a rock and a hard place. Her double life with her family in the hood on the one hand and her white and Asian friends from school on the other cruelly crashes to an end when Khalil, her childhood friend, is shot by a police officer after a party one night with Starr being the only witness.

General **summary** of novel

The case gets national media attention: while Khalil is portrayed as a drug-dealing gangster, the white policeman, who shot him, is depicted as a righteous hero. As a result, riots against police violence erupt in Garden Heights, leaving Starr in limbo. She can either continue to uphold her Williamson Prep façade of an apolitical conformist or stand up against injustice and racism, which seems to put her school friendships in jeopardy. In the end, Starr decides to take sides

Elaboration on the **novel's theme**: Starr's decision

and so do her friends. Consequently, the night when Khalil is shot turns out to be a turning point in her life, as she eventually has to unite the two contradictory roles she plays to develop into a more mature person.

Interpretation of the novel's message

The Hate U Give offers insight into not just everyday African American culture, but also into the deeply rooted racism that still divides the US. And on a more general level, it shows that you ultimately have to make a decision about who you are and where you stand.

Address to fellow students

So, get the book, it's definitely a page-turner. Or if reading is not really your thing, check out the film, which comes with a brilliant soundtrack, featuring tons of fresh hip-hop.

4

> **TIPP**
>
> This cartoon is an allusion to the American Dream, which will help you with its interpretation. In your personal comment, you can include your background knowledge and elaborate on your own opinion of US society.

Description

The cartoon shows a man sleeping in a cardboard box under a large billboard with the Star-Spangled Banner on it. His bare feet are sticking out of his makeshift home. On the side of the box, it says "POVERTY". A sign beneath the billboard with the US flag reads "LAND OF DREAMS". There is the outline of a random US city in the background.

Interpretation

The cartoon illustrates the contrast between dreams and reality in the US. The fact that America is one of the world's richest countries, for which the skyscrapers in the background are representative, makes it a land of dreams for numerous people from all around the globe. Their only desire is to migrate to the US in search of a better, more prosperous life. However, the wealth in the US is not evenly spread. Many Americans as well as migrants fail to fulfil their dreams and end up on the streets, like the man in the cartoon. So, their dreams turn into nightmares when they are faced with the sheer brutality of a country that often turns its back on its most vulnerable people.

Comment on the cartoon's message

I totally agree with the cartoonist's message: America for many is only a "land of dreams" in their dreams. If the US cannot revive its original promise that those willing and able to work hard will harvest the fruit of their toils, the country will become even more divided than it already is. In fact, instead of being a country that offers endless opportunities and equal chances for everyone, the USA is one of the least socially mobile societies in the developed world. In my opinion, the cartoonist is completely right to criticise this: necessary progress is only possible if enough people have the motivation and desire to work hard and effect change. In a society without social mobility, too few have that urge to get things moving, which will eventually not only strangle the economy, but also endanger the democratic, relatively peaceful lifestyle we appreciate on both sides of the Atlantic.

Text 2 You'd Recognize the Name

Questions on the text

1 **TIPP**

In order to answer this question satisfactorily, you not only have to describe Achates's perception of his academic environment, including his view on teachers and fellow students, but you also have to put his remarks, thoughts and reactions in relation to his critical attitude towards his famous father. As these two aspects of the question are interwoven with each other, it is important that you structure your answer clearly. "Examine" also means that you are required to analyse <u>how</u> the reader can draw conclusions about Achates's state of mind.

Achates is a student of literature at a university in New York State (cf. l. 16). In his first year, he reads Contemporary American Literature (cf. ll. 5/6), a choice which may come as a surprise given the strained relationship with his father who is a famous writer and whose works will be among those dealt with in his class (cf. ll. 1, 6). Achates's rather critical attitude towards his father also determines his perception of the academic environment at the university.
Right from the beginning it becomes clear that the young man does not feel at ease in class. When the professor checks attendance, he refuses to admit that he is the renowned author's son when jokingly questioned about a possible relationship with him (cf. ll. 17–22). The fact that he guesses in advance what is sure to come as soon as his name is mentioned (cf. l. 14) shows how tired Achates is of his father's constant presence in his academic life. Despite apparently being used to being asked about his father, he cannot face the situation calmly, which indicates how much he dislikes it. Instead, he shows physical signs of great emotional stress, feeling "hot and cold" (l. 13) and tightens up completely (cf. l. 19). He attempts to fight his discomfort by taking his thoughts off the present situation imagining former students in this very spot who might have suffered from nerves in exams or may have been upset about hurtful remarks made by their teachers (cf. ll. 19–21). His thinking about his predecessors as "faceless legions" (l. 19) and assigning them future careers as diverse as "plastic surgeons, gas station attendants, insurance salesmen, bums and [even] corpses" (ll. 21/22) shows his indifference towards them. It might also be a sign of him always feeling singled out, which is not surprising given his past experiences and the reaction of his classmates in the current situation who "snort and chuckle" (l. 25) at his expense.

Achates's thoughts finally come full circle when he considers his options should he decide to drop out of college as he is unsure about his suitability for university (cf. ll. 25–28). All of this emphasises Achates's feelings of insecurity and unhappiness about always being given a lot of attention due to his famous father. His hopes concerning his friendship with Victoria Roethke, who allegedly suffers the same fate of being a famous writer's descendant, also point in that direction: he imagines them "commiserat[ing]" and "drown[ing their] sorrows together" (ll. 38/39).
For his professor of literature, Achates feels contempt. He insolently refers to her as "this blond poet" (l. 9) and "Professor What's-Her-Face" (ll. 44/45) as if to completely deny her a personality by replacing the more common "What's-her-name" by this expression merely focused on her looks. Some of Achates's fellow students do not fare much better. The group of noisy sports students who turn up at the Students' Union do not meet with his approval either as he seems to associate their boisterous behaviour more with a stadium than a university (cf. ll. 60/61).
This unfavourable impression of his academic environment has to be seen in the context of Achates's attitude towards his father. He is struggling to shape his own life (cf. l. 68) and is possibly afraid of losing out when compared to the overpowering personality of famous Tom McNeil whom he cannot shake off, especially in those surroundings. Thus, the question remains why Achates has chosen to be a student of literature in the first place, where an escape from his father's fame seems highly improbable.

2 **TIPP**

When describing the relationship between Achates and Victoria, you have to pay special attention to the girl as she is the one to take the initiative and to determine the course of action.

Achates and Victoria are fellow students attending the same Contemporary American Literature class. The girl first catches his attention when her full name is read out by the professor on the first day – Victoria Roethke. As Roethke was also the name of a famous American poet, it hangs "in the air like the aftershock of a detonation" (ll. 29/30) and causes a powerful sensation in Achates who is curious to see how things develop. Before he can even see her properly, he notices the young woman's impressive outer appearance. Her hairstyle is compared to that of Medusa (cf. ll. 31/32) and the arrangement of her curls to a "snarl" (l. 32). Furthermore, her eyes are described as having "the color of [the] cardboard stiffeners" (l. 36), so apparently, they are rather pale and hard. All of this does not make a very favourable impression on the readers. If the author's choice of words and images is anything to go by, then the relationship between Achates and Victoria is already hinted at here with the former having the passive part and the latter being the rather dangerous, self-confident driving force.
Not only is Achates struck by Victoria's name and appearance, he is also fascinated by her daring nature when she claims that the well-known poet Roethke was actually her grandfather (cf. l. 34). He experiences a feeling of kinship (cf. l. 38) imagining that she must suffer like him from always being associated with a celebrity and not being seen

as a person in her own right. Therefore, he starts a conversation with her after the lecture. Although it is he who addresses her, Victoria immediately takes the initiative by flirting with him (cf. ll. 46/47). The young man wants to compare their experiences (cf. ll. 35–39), but Victoria interrupts him twice (cf. ll. 37–42) and states that she has lied about her relationship with Roethke who is not her grandfather after all. By indicating that Achates is the only one to share her secret, she establishes some sort of complicity between them, obviously trusting him not to give her away (cf. ll. 47–49).
Victoria's next move is to make Achates invite her to the cafeteria (cf. ll. 49–51). Over the meal, she asks him if he really is McNeil's son (cf. ll. 58/59) and although he initially refuses to give a straight answer, she now knows for certain what she has probably suspected from the beginning, because when questioned a second time, Achates answers with a simple "Yes" (l. 67), thus confirming her guess. Her reaction to this announcement is all that Achates expected and feared. She has "a look on her face like she'd just won the lottery" (ll. 64/65), shrieks and behaves in a fashion similar to the athletes who have entered the Students' Union before (cf. ll. 60/61, 64, 69) in order to draw attention to herself and Achates. When she hysterically announces that "[Tom McNeil]'s [her] hero, [her] God. [She] want[s] to have his baby" (ll. 71/72), Achates is forced to finally realise that Victoria is not interested in him as a person but has used him to somehow get closer to his father by association with him. This is also evident in her completely ignoring his attempt at talking about his own life (cf. ll. 68/69).
Thus, Achates, who is initially hopeful that he has found a kindred soul and is struck by self-confident Victoria's appearance, is upset and disillusioned in the end.

3 **TIPP**

Before writing your answer, it will be necessary to study the task quite carefully. You are asked to analyse three images, i. e. metaphors or similes, not any literary devices. Additionally, you are to look for them only in the first part of the text from line 1 to 34, when the narrator is in the classroom. Furthermore, the images you choose should illustrate the narrator's state of mind, which further limits your choices.
One simile not mentioned in the following sample solution describes Achates's feelings after hearing Victoria Roethke's name for the first time (cf. ll. 29/30).

T. C. Boyle uses the first simile in lines 3 and 4 and with it sets the tone for the complete text. Achates himself says, "I feel as if I'm suffocating, as if I'm in a burrow deep in the ground and all these fine grains of dirt are raining down on me". The first image of a person struggling for air is immediately followed by that of a small and helplessly trapped animal threatened with suffocation in a crumbling hole in the ground. He refers to his feelings whenever his prominent father is mentioned, whose fame he feels to be oppressive. It does not allow him to breathe freely and step out of the distinguished writer's shadow.
When Achates goes on to describe himself as "feeling hot and cold all over, as if [he]'d gone from a sauna into a snowbank and back again" (ll. 13/14), the reader can almost

feel his embarrassment and discomfort. He knows what the professor is about to ask him and is worried about how the situation will develop, feeling sick with apprehension with his body acting accordingly.
The metaphor "faceless legions" (l. 19) alludes to the many students who were in the same spot before him. He does not know their names or faces but feels they are ultimately all in the same boat and compares his situation with theirs as like him, they might also have felt uncomfortable before unfriendly lecturers or when writing difficult exams (cf. ll. 20/21). Nevertheless, the way he sees it, he, in contrast to them, will always be singled out and defined by being Tom McNeil's son.

Composition

1 **TIPP**

When asked to discuss a topic you have to look at both sides of the question. Immediately following up an argument with a counter-argument is one way of going about the task. You can start with explaining why society could not function without a general trust in each other and counter this argument with cases in which not telling the truth might be morally acceptable. Your second line of argumentation could focus on the individual sphere and illustrate the importance of truthfulness among friends and family first and then mention further "exceptions". Of course, you can also be of the opinion that lying is absolutely inacceptable. Then you should order your arguments differently (first "in favour" of lying, then against it). Finish your composition with stating your own opinion in the final paragraph.

Once a liar always a liar? — **Heading**

Introduction

The Ninth Commandment tells you not to bear false witness against your neighbour. This and similar teachings have influenced society even beyond religious contexts. Thus, one general moral concept is that telling a lie is both wrong and often unlawful. The question is whether this is always the case or if lying can be morally acceptable in certain situations.

First argument against lying

It is evident that living together in a community requires certain guidelines which must be followed and which everybody has to comply with. Telling the truth is certainly among the most significant rules, because people need to be able to believe what they are told without having to constantly check the facts. Relying on others not to lie is important to establish a basis for trust. Without this, living together would be quite unnerving.

First counter-argument

But is it always necessary to tell the whole truth and nothing but the truth and is lying by omission the same as telling an outright lie? Might it not be morally acceptable to withhold hurtful remarks of a conversation, a meeting, etc. when it is clear that a true and detailed report of disrespectful comments could cause a serious conflict?

Second argument against lying

Usually the rules that apply to society in general are also valid for small groups of individuals. Honesty among family and friends is a prerequisite for harmoniously working and living together. Most people take information received from those they trust at face value and they are shocked and disappointed when they find out that they have been lied to. It will alter their future behaviour and might make them insecure or introverted or unable to share their thoughts and feelings.

Second counter-argument

Nevertheless, it is precisely vulnerable family members' feelings which can be spared by a white lie. In case of a severe illness, it might be an act of kindness if the afflicted person keeps the truth from their loved ones instead of telling them exactly how things stand. That way family members and friends only have to suffer from despair when the patient's medical condition makes it impossible to keep their hopes up any longer. Similarly, most mothers and fathers should not feel as if they were betraying their children's trust by pretending that Father Christmas exists in order to give them joy.

Conclusion: opinion and outlook

Summing up, it is obvious that as a rule lying cannot be an accepted form of behaviour as it undermines people's trust in each other and can be a dangerous weapon if used for evil purposes. This is even more relevant in an age when rapid advances in technology make spreading false information much easier and faster and its detection far more difficult. Therefore, any deviation from the concept that lies are immoral ought to be the exception that proves the rule.

2 **TIPP**

Sometimes it is difficult to wholly agree or disagree with a statement you have to comment on. Do not hesitate to voice your doubts, but try to come to a logical conclusion on the basis of your arguments. The statement at hand provides you with potential ideas for disagreeing with it, namely by elaborating on "circumstances" which do influence a person's life, e. g. the place where a person is born, someone's social and economic background, someone's health, responsibilities towards others. Conversely, if you want to agree with the statement, you should focus on the "decision" part of the statement: When can personal decisions change one's lot for the better (e. g. hard work, making the best even of adverse circumstances, mental strength and optimism)?

Self-determined or manipulated?

Heading

Most people would like to see themselves not as the product of their circumstances but as the product of their decisions, as the American author Stephen R. Covey once stated with regard to himself. In other words, they want to feel in control of their future and decide themselves what will happen to them. Although I partly share his conviction, I cannot fully agree with Mr Covey's view for the following reasons.

Introduction: quotation in own words and agreement/ disagreement

Firstly, a person's journey through life very much depends on where and when they are born. If they are lucky enough to start their lives in a developed country with a high standard of living and a democratic form of government, they will have a fair chance of choosing the sort of lives they want to lead. Many of these states provide free education, at least to a certain extent, and a prosperous economy offers a wide range of possible jobs for those determined enough to fulfil their dreams. In the Western world, it normally does not matter whether you are a man or a woman when it comes to applying for a job because there is mostly equal opportunity for both sexes.

First argument: place of birth decisive

Still, even in such favourable general circumstances not everybody succeeds though they may well try to lead self-determined lives. Unfortunately, a child's start into life often depends on their parents' ability to financially support and help them throughout their schooldays. Even though it is not impossible for a very strong-willed person to overcome any initial disadvantages, it is improbable for most people struggling to come to terms with everyday life to have much energy left for changing their lots for the better. How much more difficult is it then to shape your life according to your ideas when you live in a poor country where people are neither free to choose their governments nor their occupations and where an unfavourable climate dictates your daily routines? Adding times of war to this list, one can see that people in extreme, maybe even life-threatening circumstances can only be the product of their decisions to a rather limited extent.

Elaboration on first argument

Secondly, there is also a person's social sphere to be considered. No doubt is it possible to leave one's family behind and move to a place with better job opportunities or not to look after ageing parents because of a lack of time and energy due to a demanding career. It is also possible to accept a coveted but potentially dangerous post abroad taking one's children along and exposing them to an uncertain future. The question is whether one is truly free in one's decisions when there are other people to consider and for whom one feels responsible. And what about an accident leaving a person disabled or a sudden and unexpected death in the family? Do events like these not prevent a person from making independent decisions?

Second argument: social sphere decisive

To a lesser degree, people are not completely independent when it comes to their circle of friends. Peer pressure can have an incredibly strong influence on anybody, but even more so on young people who can be lucky or unlucky in the choice of their friends. Often it is simply a matter of being in the wrong place at the wrong time and then circumstances may govern a person's life. Again, highly determined people can take their future into their own hands even then, but taking decisions with no regard for others is neither feasible nor truly desirable.

Elaboration on second argument

In short, I agree that it is not mainly about the cards someone is dealt, but about the way they play these cards. However, being dealt almost nothing at all, in other words living in really adverse circumstances, makes it very hard to play well.

Conclusion covering both points of view

3

TIPP

Many literary works deal with the topic of family. So, finding a book to talk about should not be too difficult. However, you should be sure to know it well enough to be able to really focus on "a difficult parent-child relationship". As to the language, you can write an article for a school magazine in fairly colloquial style.

I call it an education

Heading

Introduction

With the yearly English edition of our school magazine looming on the horizon, I sat down to think about what I might possibly present you with this year. I was sorely tempted to pick Shakespeare like in the previous years because this time I wanted to write about a difficult parent-child relationship and that famous author can always be relied on to look into problems that were as topical more than 400 years ago as they are now. And what could be more appropriate than his play *King Lear* with its dramatic conflict between a father and his three daughters?

But then I changed my mind to introduce you to a fabulous book which came out in 2018. *Educated*, a memoir by American author Tara Westover, was not only called "superb" and "powerful" by the British newspapers *The Times* and *Observer*, but it was also one of ex-President Obama's favourite books and on Bill Gates's reading list.

Outlook on story to arouse interest

And here's what it is all about: Tara, born in Idaho in 1986, never attends school until the age of 17. Her domineering father, a Mormon fundamentalist, who prepares for doomsday on New Year's Day 2000, makes her and most of her six siblings work in his junkyard without observing the most basic safety measures. Gruesome accidents occur, but he never lets them receive any professional medical care because he abhors doctors as well as the government and the

Short summary

authorities. All treatments are administered by Tara's mother, a self-taught midwife and healer, who herself suffers from continuous migraines and memory loss after an accident. Only when one of her brothers manages to leave for university does Tara start to study school subjects at home. She teaches herself enough to be admitted to Brigham Young University where she eventually earns a scholarship for Trinity College, Cambridge. In 2014 she gets a PhD from this university.

Details of parent-child conflict

This amazing story revolves around an overbearing and dictatorial father and his distrust in what he believes to be a godless society. He is not open to any opinions different to his own and when Tara tries to break free by going to college against his will, he uses emotional blackmail to make her return home. On the one hand, she can no longer submit to her autocratic father, on the other, she suffers from his renouncing her. She becomes mentally and physically ill as a consequence, but finally overcomes her troubles with the help of friends and teachers who support her. Tara realises that betraying family loyalties when going against a parent is inevitably accompanied by grief, but forms a natural part of the struggle to form one's own beliefs. This painful process is summarised in the last sentence of her memoir when she says, "I call it an education."

Ending

Have I managed to make you curious about the book? If so, go ahead and read it. I'm sure you won't want to put it down.

4 **TIPP**

With the cartoon being just one of several possible options to choose from, make sure you understand its message before deciding to pick it for your composition. If you do, though, the known structure of **description** (Who are the two people? Where are they? What do their words or facial expressions show about their behaviour and attitude?), **interpretation** (slight criticism of people's decreasing enthusiasm for reading the classics) and **comment on its message** (Do you agree with the cartoonist's rather pessimistic outlook on today's readership?) can help you write a well-organised text. Don't forget to use present progressive tense when describing the drawing.

Description

The cartoon shows two middle-aged men facing each other over the counter of a bookshop. The almost bald customer seems to be disappointed as can be concluded from his slumped shoulders and the incredulous expression on his face while he is listening to the shop assistant in shirt and tie behind his till. The latter is referring to a sign above the well-stocked bookshelves in the background, which reads

"Classics – first couple of chapters only" when he is telling his customer matter-of-factly that "[t]o be honest, that's all most people read."

Interpretation

The cartoonist's message is quite clear as he criticises people's attitude towards classical literature and possibly a profound education as well. If readers are interested in the classics at all, they are obviously satisfied with a brief glance at the first pages. This criticism could be taken one step further because many people no longer find it necessary to even look at the original books, but prefer summaries on the Internet that present the books' contents in condensed and easily accessible form. That this is not satisfactory for everybody can be seen from the customer's disappointed expression.

Comment on the cartoon's message

There certainly is some truth in what the artist is pointing out. However, I do not completely agree with his message and cannot share his highly pessimistic outlook on today's readership. There is no denying the fact that the reading public's taste has changed and that either from lack of time or interest, beloved classics of former times are no longer as attractive as they used to be. Even at school, reading a work by Shakespeare from beginning to end in an English class is no longer required. A lot of students get bored when having to deal with old-fashioned language or slowly unfolding plots and this attitude often remains with them when they grow older. But what is wrong with a preference for modern language and a fast-paced plot? Is a sometimes pretended love for classics the only proof of being an intellectual or is it simply a way of showing off? Every year, lots of new publications appear in print, as e-books or audio books, and the trend for reading or listening to them remains unbroken. And who knows, tomorrow's classics might be among them.

MEDIATION

TIPP

Your task is to create an article for a website with information for high school students. Usually, this allows for quite colloquial language, but given the topic of the article you have to deal with, a mainly neutral language register is required. Don't forget the heading which does not have to be the same as in the German article and round off your text with a short conclusion. Keep in mind your readership, who consist of American high school students. So, you ought to mention differences between Germany and the USA. By summarising only the most important aspects of the texts, it should be easy to stay within the frame of 225 to 275 words for your text.

A possible structure for your text could be:
- general consumption of water in Germany
- tap water as opposed to bottled mineral water
- special "rules" in restaurants

Tap water versus bottled (mineral) water

Coming from a country where customers are served a carafe of free water as a matter of course at any decent restaurant, you may be interested to learn about the Germans' habits concerning drinking water at home and when eating out.

Although it seems that water did not play any significant role in German drinking culture for a long time, its consumption has been rising constantly over the last few decades. Due to a crackdown on drunk driving coupled with a general inclination towards a healthy lifestyle and the realisation that water has its own distinctive taste, people are tending to drink more of it.

A distrust of the quality of tap water, which in the past often tasted of chlorine or was even endangering people's health, still lingers and explains a widespread preference of bottled water over tap water.

In restaurants, being served tap water cannot be taken for granted. Customers ordering it might be eyed with suspicion. It is often thought that they are trying to avoid paying for their drinks. Few will believe that a persistent request for tap water can stem from motives like sustainability or better taste. Obviously, restaurants can charge for tap water as they are offering a service, but that is not nearly as profitable as selling mineral water. At some high-priced restaurants people sometimes even show off by drinking it at 100 euros a bottle.

So, you see, things are different here!

Abiturprüfung 2020
Bayern ▪ Englisch

LISTENING COMPREHENSION (20 %)

Task 1: John Muir — Punkte: 17

You will have two minutes to study the tasks below. Then you will hear the recording twice, with an interval of two minutes to complete the tasks. After the second listening, you will have two minutes to finalise your answers.

You will hear part of a report about John Muir. While listening, do the tasks. You need not write complete sentences.

1 (2)

Muir's first contact with the Yosemite valley	
year	
Muir's occupation	

2 (2)

Information about the valley	
predominant types of trees	
height of Half Dome from the bottom of the valley to its summit	

3 (2)

Muir's childhood	
father's character	
role of nature	

4 (3)

A new start	
state Muir's family emigrated to	
<u>two</u> interests	• •

5	**A life-changing moment**		(2)
	injury he suffered		
	what he turned to		

6	**Life in California**		(2)
	what he used to do when there was a storm		
	concrete reason his work turned angry		

7	**Muir's views on trees in Yosemite**		(2)
	reason why the trees have survived so long		
	US government's responsibility		

8	**Muir's political activism and his personal appeal**		(2)
	key demand advocated by Muir		
	how he tried to win over the President		

Task 2: Gentrification **Punkte: 10**

You will have two minutes to study the tasks below. Then you will hear the recording twice, with an interval of two minutes to complete the tasks. After the second listening, you will have two minutes to finalise your answers.

You will hear a report about gentrification. While listening, do the tasks. You need not write complete sentences.

1 Where is Archway? (1)

____

2 What kind of inconvenience do people have to cope with in areas like Archway? (1)

___

3 What are gentrifiers typically like? Give two characteristics. (2)

- ___
- ___

4 The two phases of gentrification. Fill in the grid. (2)

phase	**first wave**	**second wave**
appearance of streets	X	
typical café		mainstream cafés / Starbucks

5 What does Loretta Lees do at Leicester University? Complete the sentence. (1)

She is an ___.

6 Her neighbourhood. Tick the correct answer. (1)

Loretta Lees' current neighbour …

- ☐ is from Ireland.
- ☐ is a real estate agent.
- ☐ has wood burning stoves.
- ☐ owns a refurbishing company.

7 Richard Florida on economic growth in cities. Complete the sentences. (2)

Florida believes that politicians have to ensure that the population in cities remains ___.

In addition, he does not think that the market will ___ ___ for socio-economic groups like service workers.

TEXTAUFGABE (55 %)

Der Prüfling hat **eine** Textaufgabe seiner Wahl zu bearbeiten.

Text 1 American Floods

Last fall, as I landed in New Orleans, a seed of existential anxiety lodged itself deep in my gut. It was my fifth flight in just over a week. I was in the middle of a tour to promote a book on how coastal communities around the US were already responding to the climate crisis in surprising, often radical ways. Outside, the bayou shimmered below, the city itself barely distinguishable from the water that surrounds it. I could see the landscape that my air travel would play a role in diminishing – the additional CO2 in the atmosphere melting Arctic sea ice and Antarctic glaciers, causing sea levels to rise. *What am I doing here?* I wondered.

I posted an anxious tweet, asking if anyone had any bright ideas about what to do when your work – expanding the public conversation around the climate crisis – requires that you consume fossil fuels at a rate at odds with your values. I received a host of responses – fly less for vacations, purchase carbon offsets, use Skype instead. All of the options, save for one, focused on things I could do at an individual level, many of which I already did. It seemed to me the suggestions sought to assuage my personal feelings of shame and so fell short of whatever intelligence I was hoping the gaping maw of the internet might offer up.

Since 2010, I have been researching and writing about sea-level rise. During that time the predictions for just how high the water might reach by 2100 have, in many places, more than doubled. [...] [F]or many living in low-lying areas the climate crisis is already here.

One of the things I remember most clearly from my early research trips to rural flood-prone communities is that residents told me how alone they felt. [...]

Sometimes people tried to safeguard their homes themselves, building retaining walls out of brick, sandbags and stone. As Harvey bore down on Houston, Kristin Massey attempted to wrap her ranch in heavy-duty plastic sheeting after shelling out $ 130,000 to repair it in the wake of the floods that swamped the city the two years prior. But despite Massey's efforts, her home still filled with water, displacing her family for the third time in three years. She would learn what many already knew: that overwhelmingly these individual fixes fail.

As I have watched the US inundated, again and again, by record-breaking storms, another equally powerful phenomenon has begun to unfold. Across the country, community-led flood-survivor groups are popping up. There's Residents Against Flooding in Houston, and Groundswell in Charleston, the Just Florence Recovery Coalition and Horry County Rising. Many begin online, in advance of a storm, and serve as information-sharing networks around where to get sandbags, the location of local shelters, and the latest weather predictions. Once the flood waters recede, the focus shifts to the process of recovery, covering everything from how to file a flood claim to which contractors are least likely to rip you off.

But when one flood turns into two, then three or four or five, residents' focus often shifts from how to weather individual storms towards identifying causes and advocating for community-wide solutions. The scale of concern shifts from the singular to the systemic.

This summer, Higher Ground, the largest coalition of flood survivors in the country, started a nationwide campaign of their own. In addition to empowering frontline communities by connecting them to pro-bono legal and scientific counsel, the group began disrupting city council meetings by unfurling banners that read: The United Flooded States of America. Member groups have filed lawsuits against unlawful wetland development and the unjust use of flood pumps during storm events. They have started local taskforces to inform people of the underlying infrastructure problems that exacerbate flooding, what resources to demand elected officials provide, and the role that climate change has played in amplifying their pre-existing vulnerability. Some have filed for temporary injunctions against floodplain development, while others even advocated for managed retreat, the only mitigation strategy that moves residents permanently away from risk. […]

At the end of my presentation last year in New Orleans, an audience member asked me whether I still have hope? The hope that I do have does not revolve around individual choices (often framed through the lens of consumption). The hope that I do have is not about buying LED lightbulbs and electric cars; it's not about eating vegan or bringing a canvas bag to the supermarket. These things can signal a shift in consumer habits (and those signals are extremely important), but they also frame the climate crisis as something that ought to be combated at the individual level […]

The hope I do have resides in the fact that as the climate crisis comes home to us in deeply unsettling ways – in the form of heatwaves and freak storms, wildfires, and permafrost melt, twisting the world we know into new and disturbing shapes – it is also building unlikely coalitions amongst people who might not appear to share affinities at first glance. Since 2017, the US has endured the single costliest hurricane season in its history, meanwhile Higher Ground's membership has ballooned. […]

Elizabeth Sawin, the director of Climate Interactive, recently recommended that we begin to shift our focus away from what we alone cannot accomplish, away from our profoundly individualist society, and towards the kind of thinking that helps us to glimpse what is possible when people come together to demand change. Her words helped me to connect what I had seen: that the only personal action that can slow the tide of the climate crisis is to create a coalition bigger and more powerful than the individuals of which it is comprised. All around the globe members of various environmental groups – enter the Extinction Rebellion, 350.org, Fridays for the Future and the Sunrise Movement – are already making good on Sawin's suggestion.

[…] [I]nstead of marrying guilt to redemption, they strive to make cheap fossil fuels a thing of the past. *(996 words)*

From: Elisabeth Rush, "What 500,000 Americans hit by floods can teach us about fighting climate change", The Guardian, *30 August 2019, https://www.theguardian.com/commentisfree/2019/aug/30/what-500000-americans-hit-by-floods-can-teach-us-about-fighting-climate-change (abridged, last visited: 19 February, 2020) © Guardian News & Media Ltd 2020*

Text comprehension and analysis 35 %

Complete the following tasks using your own words as far as is appropriate. Quote correctly.

1 Outline how local residents have reacted to the growing challenges of climate change. (15 %)

2 Analyse what the text reveals about the writer's personal experiences and convictions, taking into account how she uses different stylistic devices (at least four) to get her message across. (20 %)

Composition 20 %

Choose **one** of the following topics and write a coherent text laying out your ideas.

1 Air travel should be a lot more expensive.
Do you agree?

2 "Earth provides enough to satisfy every man's needs, but not every man's greed." (Mahatma Gandhi, 1869–1948)
Comment on this statement.

3 Describe briefly, analyse and comment on the cartoon.

Text 2 Behold the Dreamers

The Cameroonian Jonga family – father Jende, mother Neni and their son Liomi – were reunited in New York about two years ago. Now, jobless and dispirited, Jende wants to go back to their hometown Limbe in Cameroon.

She would not be leaving. Never. She would not be returning to Limbe.

For years she had stayed in her father's house doing nothing but housework, first too grief-stricken and shamed to return to school after dropping out and then losing her daughter; later – when she was ready to return, four years after the baby's death – unable to do so because her father didn't think it was worthwhile paying for an almost-twenty-year-old to attend secondary school. […]

By her late twenties, all she could think about was America.

It wasn't that she thought life in America had no ills – she'd watched enough episodes of *Dallas* and *Dynasty* to know that the country had its share of vicious people – but, rather, because shows like *The Fresh Prince of Bel Air* and *The Cosby Show* had shown her that there was a place in the world where blacks had the same chance at prosperity as whites. […]

Which was why, on the day Jende shared with her Winston's offer to buy him a ticket so he could move to America and eventually bring her and Liomi over, she had wept as she composed a five-paragraph email of gratitude to Winston. She began watching American movies like *Stepmom* and *Mrs. Doubtfire* not only for leisure but also as advance preparation, envisioning a future in New York where she would finish her education, own a home, raise a happy family. Though she'd been surprised to learn upon arrival that not many blacks lived like the ones in the sitcoms, and virtually no one, black or white, had a butler like the family in *The Fresh Prince*, the realization had done little to change her impression of what was possible in America. […]

"But what you gonno do?" Fatou asked as she braided Neni's hair.

"I don't know," Neni said. "I really don't know."

Fatou turned Neni around by the shoulders and pressed her head down so she could finish a cornrow. "Marriage," Fatou said, "is a thing you want. But when you gonno get it, it bring you all the thing you no want."

Neni scoffed. Fatou couldn't stop herself from making up a new proverb on the spot; she could never prevent herself from being a one-woman book of odd opinions.

"No matter what woman in this country do," she went on, "we African woman musto stand behind the husband and be following them and say yes, yes. That what we African woman musto do. We no gonno say to husband, no, I no gonno do it."

"So you do everything Ousmane asks you to do, eh?"

"Yes. I do. Everything he want, I do. Why you think we got seven childrens?"

"Because Ousmane said so?"

"What you think? What woman no crazy wanno suffer like that seven time in one life?"

Neni laughed, but the afternoon would be one of the few times she would laugh about her plight with a friend. Most times, she would shake her head in bewilderment, which was what she did two days later when Betty stopped by […].

"What does he mean life is too hard here? If life was not hard for us back home why did we leave our countries and come here?"

"He thinks it's better for a person to suffer in their own country than to suffer somewhere else."

"Ha! Please, don't make me laugh. He really thinks suffering in Cameroon is better than suffering in America?"

Neni shrugged. "You'll regret it if you go back home, I'm telling you right now," Betty said. "Why are you guys acting like little children? Life is hard everywhere. You know that maybe it will get better one day. Maybe it will not get better. Nobody knows tomorrow. But we keep on trying."

"You know how hard things have been. Ever since he lost his –"

"What about the money you got from Mrs. Edwards?"[1]

"Ssshh," Neni said. She looked out of the kitchen to make sure Liomi wasn't nearby. "Jende says we cannot use the money" she whispered. "He's hidden it in a separate bank account and says we'll only touch it when worse comes to worst."

"Why does he get to decide how to spend the money?"

"Ah, Betty, there's no need for you to put it like that."

With her mouth half open and her nose flared, Betty looked like Neni, moving her eyes slowly up Neni's face, from chin to forehead and back down, twice.

"Neni?" she said, cocking her head.

"Eh?"

"Did you march to that woman's house that day and earn that money for yourself?"

Neni nodded.

"Is that money Jende's money or both of your money?"

"It's both –"

"Then tell your husband it's your money, too, and you want to use it to stay!"

"What kind of talk is that?" Neni said. "You think I'm an American woman? I cannot just tell my husband how I want something to be."

"Why not?"

"You don't know what kind of man Jende is. He's a good man, but he's still a man."

"So you're going to go back to Cameroon?"

"I don't want to go!"

"Then don't go! Tell him you want to stay in America and keep trying. There are one million things you have to do before you start thinking about packing your things – you get your papers first. [...]"

The woman knew all about trying. Thirty-one years in this country and Betty was still trying, and Neni couldn't understand why. Betty had come here as a child with her parents and gotten her papers through them. She had been a citizen for over a decade, and yet here she was in her early forties, working two jobs as a certified nursing assistant at nursing homes, stuck in nursing school. Neni couldn't understand how that was possible. If she were a citizen, she would be a pharmacist in no more than five years. A pharmacist with a nice SUV and a home in Yonkers or Mount Vernon [...].

(995 words)

From: Imbolo Mbue, Behold the Dreamers, *4th Estate, 2016, pp. 311–315*

Annotation

1 Desperate for money to make ends meet, Neni blackmailed Mrs. Edwards, for whom she had previously worked as a temporary home help.

Text comprehension and analysis 35 %

Complete the following tasks using your own words as far as is appropriate. Quote correctly.

1 Outline Neni's perception of America before she moves there and the reality that now confronts her. (20 %)

2 Analyse how Fatou and Betty react to Neni's problem, also taking into consideration how gender roles are depicted. (15 %)

Composition 20 %

Choose **one** of the following topics and write a coherent text laying out your ideas.

1 "Immigration is not just a link to America's past; it's also a bridge to America's future." (George H. W. Bush, 41st President of the United States)
Comment on this statement.

2 Quota systems can help rectify women's under-representation in prominent positions, and make it entirely normal for women to take up leading roles in various fields. Do you think this kind of affirmative action is a justifiable measure?

3 Describe briefly, analyse and comment on the cartoon.

© *New America Media/El Taller Latino Americano*

MEDIATION

(25 %)

Aufgabenstellung

You are doing an internship with the *Deutsches Historisches Museum* in Berlin. The museum is planning an exhibition called "The look and feel of urban landscapes". You have been asked to contribute a text on *Litfaßsäulen* for the English edition of their visitor brochure.

On the basis of the text below, write an article, presenting the history of these advertising columns, the present situation and people's attitudes to them.

Text **Die Stützen der Gesellschaft**

Berlin ist die Stadt der Litfaßsäulen, sie gehören hier zum Kulturgut. Nun aber müssen 2 500 Stück abgerissen werden. [...]

Das könnte ein banales Kapitel Berliner Kommunalpolitik sein, würde es nicht um eine Institution gehen, ein Kulturgut. Denn Berlin ist nun mal die Stadt der Litfaßsäulen. Hier wurden sie erfunden, von Ernst Litfaß, hier gehören sie zum Straßenbild wie in kaum einer anderen Stadt. Es gibt welche mit schmiedeeisernen Verzierungen oder metallenen Aufsätzen, die einen an Türmchen denken lassen. An manchen kann man Lämpchen anmachen, andere sind so speziell, dass sie unter Denkmalschutz stehen. Was bedeutet ihr Verschwinden? Und wozu braucht man im digitalen Zeitalter überhaupt noch Betonklötze mit aufgeklebtem Papier drumherum?

Das „Klebemedium", wie die Litfaßsäule im Branchenjargon heißt, fiel in die Zeit des aufkommenden Massenkonsums. Hier ein Berliner Exemplar im Jahr 1946.

Sich mit Litfaßsäulen zu beschäftigen heißt erst einmal, sich mit der Vergangenheit zu beschäftigen. Wie sie Mitte des 19. Jahrhunderts aufkamen, als Möglichkeit, amtliche Informationen zu verbreiten und schließlich Werbung, das „Klebemedium", wie die Litfaßsäule im Branchenjargon heißt, fiel in die Zeit des aufkommenden Massenkonsums. Und sie war interessanterweise schon damals typisch Berlin, was das Versagen der Verwaltung betrifft. Ernst Litfaß sollte in der Stadt eigentlich öffentliche Toiletten aufstellen, das war der Deal, damit der Buchdrucker das Monopol für seine Reklamesäulen bekam. Am Ende war es mit den Berliner Toiletten dann ungefähr so wie heute mit dem Berliner Flughafen: Sie wurden nicht wirklich gebaut.

Ein Symbol für die Stadt ist die Litfaßsäule trotzdem geworden. Für die Dinge, die man hier kaufen, sehen und erleben konnte. Für das Leben in der Großstadt, die Szenen, die sich hier täglich abspielten. Wie in der berühmten Coverillustration von Erich Kästners Kinderbuch *Emil und die Detektive*. Die Berliner Kiezjungs[1] lauern dem Dieb, der Emil bestohlen hat, hinter einer Litfaßsäule auf.

Wenn es um Vergangenheit geht, ist man schnell beim Thema Nostalgie. Und dabei, dass man Dinge, an die man sich gewöhnt hat, nicht einfach aufgeben will. „Erhaltet diese Säule", hat dann in Berlin auch jemand in krakeliger Schrift auf zahlreiche Litfaßsäulen geschrieben. In Görlitz, wo Dutzende Litfaßsäulen abgerissen werden sollen, weil sie nicht mehr wirtschaftlich sind, werden gerade Unterschriften gesammelt, um das zu verhindern. Und es gibt dort die Idee, dass Privatleute die verlassenen Litfaßsäulen adoptieren. Es wird vermutlich nicht mehr lange dauern, bis jemand fordert, die klobigen Eternitzylinder[2] als Weltkulturerbe anzuerkennen.

Man kann das ja auch verstehen. In Zeiten von Google, Facebook und Co., in denen man nicht nur von allen Seiten zugetextet wird und Daten zu Werbezwecken gesammelt werden, sondern Algorithmen auch bestimmen, wofür wir uns interessieren sollen und welche Werbung uns gezeigt wird; im digitalen Zeitalter also klammert man sich an alles, was irgendwie analog in der Gegend herumsteht. [...]

Es geht um eine Nostalgie der Echtzeit und des Angreifbaren, so wie sie auch beim Verschwinden der Telefonzellen und der Gaslaternen zu beobachten war. Man weint dabei weniger den Objekten selbst nach als den Erinnerungen und den Bildern, die man damit verbindet. Bei der Litfaßsäule sind das vor allem diese Schwarz-Weiß-Fotos von alten Werbeplakaten oder den Leuten, die sich vor den Litfaßsäulen versammeln. [...]

Die sollen immerhin nicht ganz aus der Welt verschwinden. Eine Stuttgarter Firma für Außenwerbung wird in Berlin dafür sorgen, dass bis zum Herbst neue Litfaßsäulen aufgestellt werden. Die werden dann allerdings alle gleich aussehen, gemacht aus Betonfertigteilen, mit einem Durchmesser von 118 Zentimetern und einem Kunststoffring oben drauf.

Aber ist die Litfaßsäule überhaupt noch zeitgemäß? Und was macht eigentlich den Reiz daran aus? Anruf bei Christian Knappe von der Firma Wall, die in Berlin gerade die alten Litfaßsäulen abtragen lässt, die meisten werden verschrottet. Knappe sagt, Litfaßsäulen seien im Gegensatz zu City-Light-Postern an Bushaltestellen oder digitalen Werbeflächen auf Bahnhöfen ziemlich günstig. Weshalb sie als Medium der Nische genutzt werde, als Infokanal der Nachbarschaft. Auf dem lokale Veranstalter oder Kulturinitiativen werben, wo man erfährt, was das Bezirksmuseum zeigt, wo das Jugendorchester auftritt und wann der nächste Kiezflohmarkt stattfindet. Das sei sie auch schon immer gewesen, früher wurden auf den Litfaßsäulen sogar die Zeitungen plakatiert.

(625 Wörter)

Quelle: Verena Mayer: „Die Stützen der Gesellschaft", Süddeutsche Zeitung *vom 24. 03. 2019 (gekürzt); https://www.sueddeutsche.de/leben/berlin-litfasssaule-abriss-kulturgut-1.4376669*
Bild: © ullstein bild – ullstein bild

Annotationen

1 Kiez Stadtteil
2 Eternit ein Baustoff/Zement

Lösungsvorschlag

LISTENING COMPREHENSION

Transcript 1 John Muir

Simon Watts: In 1916 the National Park Service was formed to protect wild places in the United States. It was in the summer of 1869 while working as a shepherd in California that John Muir first saw the landscape that would change his life. He found himself at the head of the Yosemite Valley, surrounded by huge granite cliffs and plunging waterfalls. This is an account from the nature diaries, which John Muir kept all his life.

John Muir: The level bottom seemed to be dressed like a garden. Sunny meadows here and there and groves of pine and oak. The great Half Dome rising at the upper end of the valley to a height of nearly a mile is nobly proportioned and lifelike.

Simon Watts: John Muir had been born in the Scottish town of Dunbar. His family were strict Protestants but he found an escape in the natural world around him. Mary Colwell, author of *John Muir: The Scotsman Who Saved America's Wild Places.*

Mary Colwell: His early life was a combination of real freedom because he had the sort of Scottish east coast to explore, but then you have to contrast that with the fundamentalist faith of both his mother and his father. In a sense his father was guilty of child abuse really and he was quite violent. He hit the children a lot, he beat them if they couldn't recite the Bible and I think nature provided that balm. Maybe it just wasn't as threatening as it was at home.

Simon Watts: In 1849 the Muir family emigrated to a Christian community in the American state of Wisconsin. John rushed around exploring the uncharted forests surrounding his new home. But as a young man he also became increasingly fascinated by engineering and even started inventing his own machines.

Mary Colwell: Nature and conservation didn't really exist at the time so he went down this inventing path and was taken on – he was so good at it – he was taken on by all sorts of people and one machine room that he was working in, he went to fix a machine and a file that he was using hit a spinning cog and it flirted out of his hand and went straight into his eye. And he went blind in that eye and all the aqueous fluid came out of it and then, in sympathy, he wrote, his other eye went blind too. Now he did recover his sight but it took weeks of lying in darkened rooms and not being able to move and he went into deep despair. And after that, that was a life-changing moment and he decided that from then on he was going to study the inventions of God and leave behind the inventions of man.

Simon Watts: Now determined to see as much as he could of the world, John Muir walked 1,000 miles to the Gulf of Mexico. Then he took a boat to California and finally found himself at Yosemite. He seems to have had, among many things, a particular love of storms to the point that if one was brewing he would make a point of rushing out to be right in the middle of it. After settling down to farm fruit, Muir started writing very popular articles for magazines and newspapers across the US. His spiritual descriptions of nature were a stark contrast to the mood of America's gilded age. This was a period of huge economic growth, fuelled by westward expansion and massive destruction of natural resources. When the sawmills started to overwhelm Yosemite itself, Muir's work turned angry.

John Muir: Any fool can destroy trees. They cannot run away. And if they could, they would still be destroyed and hunted down as long as fun or a dollar could be got out of their bark hides. It took more than 3,000 years to make some of the trees in these western woods. God has cared for these trees, saved them from drought, disease, avalanches and a thousand streaming tempests and floods. But he cannot save them from fools. Only Uncle Sam can do that.

Simon Watts: John Muir led calls for the federal government to protect places like Yosemite and turn them into national parks and on one occasion he even took President Theodore Roosevelt into the Yosemite for three days of camping and lobbying.

Mary Colwell: His voice was absolutely essential. By that stage he was very well-known. His writings were very sought after and he looked fantastic. I mean he looked like everybody's favourite grandfather with his great big beard and his strong, Scottish accent. He appealed to the sort of hunting, shooting and fishing hard men types, which, of course, Roosevelt was, but he also appealed hugely to the female population because he had a great softness about him too and most of his very good friends were women.

Simon Watts: Yosemite was made into a national park and by the time John Muir died in 1914, several others had also been created.

TIPP

Make good use of the two minutes you are given before the first listening round to read through the tables. Find out the general topics of the listening text (Yosemite National Park, conservation of nature, John Muir's biography) and focus on keywords in the assignments that will later help you to recognise relevant paragraphs to fill in the tables.

The following hints may help you:

1 Be careful because at the beginning of the listening text, two dates are mentioned. However, only one of them refers to the moment John Muir "first saw the landscape that would change his life" (l. 3). In the same sentence, his occupation, in other words his job, at the time is mentioned.
2 You will find a description of the Yosemite valley in the extract from John Muir's diaries (cf. ll. 7–9).
3 Mary Colwell gives detailed information on John Muir's childhood (cf. ll. 13–18). Your attention is guided to this important paragraph by the reporter's

introduction starting with, “John Muir had been born in the Scottish town of Dunbar” (l. 10).

4 The relevant paragraph immediately follows the information Mary Colwell provides about the Muir family (cf. ll. 19–22).
That two different interests are described can also be concluded from the sentence structures: “John […]. But […] he also […]” (ll. 20–22).

5 The keywords “life-changing moment” (ll. 30/31) only follow the description of what happened to John Muir. So, it is not enough to merely wait to hear the keywords, but you also have to concentrate on the description leading up to it.

6 Muir’s “particular love of storms” and his reactions to this weather phenomenon are described in lines 35 to 37.
You might be tempted to see the whole description of the time (“America’s gilded age. This was a period of huge economic growth, fuelled by westward expansion and massive destruction of natural resources”, ll. 39–41) as a reason for John Muir’s anger. However, a very “concrete reason” is mentioned in lines 41 and 42.

7 Once more, an extract from John Muir’s own writings will provide you with the correct solutions (cf. ll. 43–48).
“Uncle Sam” (l. 48) is used here as a synonym for the US government.

8 You should have no trouble spotting the relevant passage for this table, as President Theodore Roosevelt is clearly mentioned. The whole paragraph starting “John Muir led calls …” (cf. ll. 49–52) describes Muir’s aims and strategies.

1

Muir’s first contact with the Yosemite valley	
year	**1869**
Muir’s occupation	**shepherd**

2

Information about the valley	
predominant types of trees	**pine and oak**
height of Half Dome from the bottom of the valley to its summit	**nearly a mile**

3

Muir’s childhood	
father’s character	**violent/very strict/abusive/religious/pious**
role of nature	**escape from violence at home/real freedom/ not as threatening as situation at home/balm**

4	A new start	
	state Muir's family emigrated to	**Wisconsin**
	two interests	• **exploring (uncharted) forests** • **engineering/machines**

5	A life-changing moment	
	injury he suffered	**went blind (in one eye)**
	what he turned to	**inventions of God/nature**

6	Life in California	
	what he used to do when there was a storm	**went right into the middle of it**
	concrete reason his work turned angry	**sawmills were built in Yosemite/westward expansion causing the destruction of trees reached Yosemite**

7	Muir's view on trees in Yosemite	
	reason why the trees have survived so long	**God has saved them from natural disasters/God has cared for them**
	US government's responsibility	**to save them from fools/people who cut them down/lumber companies**

8	Muir's political activism and his personal appeal	
	key demand advocated by Muir	**to turn places like Yosemite into national parks**
	how he tried to win over the President	**took him into Yosemite on a camping and lobbying trip**

Transcript 2 Gentrification

David Baker: Gentrification – the process of neighbourhoods rapidly going up markets is occurring in cities right across the UK.

Male speaker: It's a pretty grey morning here in Archway in North London and there's a huge amount of construction going on around us and a huge amount of traffic driving round that construction because this is an area that's really going through a transformation. On our left here a big …

David Baker: Archway is typical of many areas in the UK when gentrification is in full swing. You can hardly move there for a crane or a new coffee shop and there's no sign that that frantic development is gonna stop any time soon. And that's probably good news. Gentrification has produced enormous gains for urban areas like Archway. Incomers, often young, energetic and creative, bring with them new ideas, new business and new money.

Female speaker: This is a café called the Bread and Bean, and it opened what, three or four years ago now. And I think for me it became symbolic of the beginnings of the gentrification in Archway. Of course now what's happened is we've gone up that kind of mainstream step and Starbucks opened about three months ago opposite Archway Tube.

David Baker: When this kind of gentrification accelerates something important happens, a new wave of more affluent gentrifiers arrive, who push out those edgier incomers and transform the area yet again and not necessarily for the better. I'm David Baker and in this edition of Analysis I'll be asking if it's possible to freeze gentrification in this interesting creative phase or will a rising property market create more and more streets that are wealthy, bland and soulless? Time for an artisan coffee with Loretta Lees, an urban geographer from Leicester University and an authority on gentrification.

Loretta Lees: Well, I think if you look at the kind of literature on gentrification, it talks about the kind of classic gentrification where independent, you know, kind of organic coffee shops would get involved. But then it becomes the more expensive kind of gentrification that's more sanitising. To give you an example, so the house next door to me, on my street, was owned by an old Irish couple who'd lived there since 1952, bought it for £1,000. The guy died and then his wife decided she'd better live with her daughter, so they sold the house off. So, the woman who has bought the house is in media. She bought the house for £900,000, and then completely gutted it. So she ripped out all the chimneys, put in wood burning stoves, the real kind of typical gentrifier aesthetic and that's an example of something very recent but it's an example of that kind of classic, early way of gentrification.

David Baker: Richard Florida, the most powerful critic of the effects of gentrification, argues that the answer lies in politics.

Richard Florida: We need to make sure that cities continue to be vehicles for innovation and economic growth. But we also need to ensure that cities, this great diversity, this great clash and clamour of cultures, classes, ethnicities, races, can continue in cities so we're gonna have to see cities as vehicles for redistribution. We're gonna have to make sure that service workers are paid enough to live in cities. We're gonna have to make sure that people have access to affordable housing and then that's not just gonna be provided by the market. That's gonna have to be provided by the public sector and social housing.

TIPP

Once more, it is essential that you use the two minutes to study the tasks efficiently. Of course, it is also helpful to have a general idea about the process of gentrification. If you already expect to hear information about architecture, city planning, etc., you will be perfectly prepared to solve the following tasks.

1 Archway is mentioned in line 3. The speaker explains clearly where it is located.
2 For the second question, you have several options from which to choose one right answer. Both the speaker's explicit description of a morning in Archway (cf. ll. 3–6) and the sounds in the background of the recording can provide you with possible solutions.
3 The typical gentrifiers are called "[i]ncomers" (l. 11) in the text. They are characterised by different adjectives and descriptions.
4 To fill in the grid with information about the typical café of the first wave, its contrast to Starbucks (in the second wave) may help. As for the appearance of the streets in the second wave, another contrast is essential, namely how "a rising property market" changes an "interesting creative phase" (l. 22).
5 Pay attention when Loretta Lees is mentioned for the first time (cf. ll. 24/25). After "an", your answer has to begin with a vowel.
6 While multiple choice questions often look easier than questions where you have to formulate the right answer yourself, they are sometimes written in a way to distract you from the right solution. Here it is paramount to focus on Loretta's <u>current</u> neighbour, who is described in lines 32 to 35.
7 Richard Florida expresses his view at the end of the recording (cf. ll. 39–46).

1 North London

2 traffic jams/noise/construction work

3 *zwei aus:* young/energetic/creative/affluent/rich/they have new ideas/new money

4

phase	first wave	second wave
appearance of streets		**soulless/bland/wealthy**
typical café	**Bread and Bean/small/independent/organic coffee shops**	mainstream cafés/Starbucks

5 She is an **urban geographer/authority on gentrification**.

6 ☑ has wood burning stoves.

7 Florida believes that politicians have to ensure that the population in cities remains **diverse/multicultural**.
In addition, he does not think that the market will **provide affordable housing** for socio-economic groups like service workers.

TEXTAUFGABE

Text 1 American Floods

Text comprehension and analysis

1 **TIPP**

To solve the task, the necessary information on how local residents have reacted to the growing challenges of climate change has to be obtained from the text and rephrased in your own words. "Outline" requires you to focus on the basic points. Examples should only be mentioned if they illustrate a point you need to make. Furthermore, you should not go beyond the text and interpret it. If you work through the text, you should be able to detect four main aspects. It makes sense here to follow the text chronologically, as it explains the residents' increasingly concerted efforts step by step. It is a good idea to start with an introductory sentence, in which you mention the author, the title of her article, its place and date of publication as well as the main contents.

The sample answer includes the following points:
introduction
main part: more and more concerted reactions
- **step 1:** residents' often futile efforts to protect themselves and their properties (cf. ll. 21–29)
- **step 2:** residents' local organisations to help each other deal with natural disasters (cf. ll. 30–38)
- **step 3:** shift of focus to systematically work for a solution for the entire community (cf. ll. 39–42)
- **step 4:** nationwide alliances to use political leverage to move things forward on a larger scale (cf. ll. 43–54)

introduction

In her text, "What 500,000 Americans hit by floods can teach us about fighting climate change", which was published for *The Guardian* in August 2019, Elisabeth Rush talks about a visit to New Orleans and her thoughts on how climate change affects coastal communities. She describes how local residents have reacted to the recurring dangers of flooding.

main part: step 1

As many of them feel left alone with the problem (cf. ll. 21/22) in spite of its global scale, they try to shield themselves and their properties as well as possible. They do this by individual physical measures, such as erecting walls of different materials (cf. ll. 23/24) or covering their homes in plastic (cf. l. 25). Yet, more often than not, these are futile attempts that cannot prevent costly repairs once the water has receded (cf. ll. 27–29).

In addition to these individual efforts, people in places prone to flooding form networks to help each other deal with the disasters (cf. ll. 30–38): they share predictions and information on protective measures before the actual catastrophic event (cf. ll. 34–36). Once it is over, they offer support and practical advice on how to deal with the aftermath (cf. ll. 36–38). **step 2**

Yet, especially in areas that are hit more than once, the community groups widen their perspectives (cf. ll. 41/42). They are no longer solely worried about concrete inundations and their consequences for different individuals. Instead, they aim at recognising structural reasons, which cause or magnify the problems, and promoting ideas for solutions for the entire communities concerned (cf. ll. 39–41). **step 3**

On a wider scale, these local networks cooperate nationwide (cf. ll. 43/44). They offer free legal and scientific advice (cf. ll. 44/45) and openly condemn projects that endanger lowland areas as well as criminal behaviour during catastrophes (cf. ll. 47/48). Furthermore, they raise awareness about climate change, sometimes also by unconventional means (cf. ll. 46/47, 49–51). Moreover, they want flooding to be tackled at different political levels (cf. ll. 48–52). In extreme cases, they even demand help with migrating out of danger zones for good (cf. ll. 53/54). **step 4**

2 **TIPP**

In this task an analysis of the text is required, which means that it is necessary to explain how the author's experiences and convictions are put across. It is not enough to merely summarise them. To tackle this more complex task, it is a good idea to first find the parts of the text where Elisabeth Rush's experiences and her convictions are expressed. Then analyse not only what is said, but also how the message is supported by language. It is important to refer to stylistic devices in a larger context and to not randomly list them. They should support the line of the author's as well as your own argumentation.

You can mention the following points:
introduction: summary of Elisabeth Rush's experiences and convictions
analysis:

- **uncertainty** about own lifestyle and how it contributes to global warming (cf. ll. 1–11)
  - detailed description of endangered landscape's beauty (ll. 4/5)
  - rhetorical question (l. 8)
  - word field "anxiety" (l. 1), "anxious" (l. 9)
- **disappointment** with inadequate suggestions of how to deal with the problem (cf. ll. 11–16)
  - enumeration of individual (futile) solutions (cf. l. 12)

- metaphor "the gaping maw of the internet" (ll. 15/16) to express how bottomless and unsatisfactory it is

– **conviction** that individual efforts cannot solve the problem (cf. ll. 21–38)
  - numbers and repetitions (cf. ll. 28, 30, 39)

– **conviction** that taking action is urgent, but that it is not too late and that hope is justified (cf. ll. 55–78)
  - anaphora (cf. ll. 56–62)
  - enumeration of ineffective measures (cf. ll. 58/59)
  - enumeration of catastrophic effects of climate change (cf. ll. 63/64)
  - metaphors ("membership has ballooned", l. 67; "slow the tide of the climate crisis", ll. 72/73)
  - enumeration of environmental groups (cf. ll. 75/76)
  - concluding contrast (cf. ll. 77/78)

conclusion: summary of most important techniques the author uses to make her text convincing

introduction

Elisabeth Rush sees climate change as an urgent problem that needs to be tackled. However, due to her own experiences as the author of a book on how people in coastal communities respond to climate change, she has come to the conclusion that it is not individual efforts which will ultimately make a difference, but only concerted and political action.

analysis: uncertainty about lifestyle

Her strategy to convince the readers of this assumption is to let them directly participate in her own experiences: this personal perspective is especially obvious at the beginning of the article where Rush describes her feelings while looking out of a plane window on a flight into New Orleans (cf. ll. 1–11). Both the beauty of the landscape around New Orleans and its vulnerability become evident in the image of the city almost blending into the waters surrounding it (cf. ll. 4/5). That Rush feels personally responsible for global warming becomes clear when she rhetorically asks, *"What am I doing here?"* (l. 8). Furthermore, she talks of "a seed of existential anxiety lodg[ing] itself deep in [her] gut" (ll. 1/2). The word "anxious" is repeated in line 9 when she describes her tweet. Rush does not feel quite right in her job that requires so much flying and is therefore anxious to find ways to diminish her carbon footprint.

disappointment with inadequate suggestions

The author goes on to illustrate her disappointment with the efforts usually suggested to reduce the human impact on global warming. Her tweeted question generates online responses that fail to convince her (cf. l. 12), as they are almost entirely either not new to her (cf. ll. 13/14) or mere sedatives for her troubled soul (cf. ll. 14/15). By metaphorically describing the Internet as a "gaping maw" (ll. 15/16), she presents it in a rather negative light: it might come up with countless suggestions, but in the end, Rush seems to be as helpless and overwhelmed by the enormity of the task as before. So, this little episode emphasises the author's conviction that individual efforts to deal with a crisis of a global scale are doomed to fail.

By drawing on the first-hand experience of people like Kristin Massey, who is affected by the consequences of climate change and whose attempts to fight against them proved unsuccessful (cf. ll. 24–29), Rush both mirrors her own experience and underlines her general conviction. She highlights the vanity of the victims' struggles by emphasising the repetitive nature of the natural disasters: Ms Massey's family was displaced "for the third time in three years" (l. 28), inundations occur "again and again" (l. 30) and "one flood turns into two, then three or four or five" (l. 39).

conviction that individual efforts cannot solve the problem

In order to point out what she believes can be done to tackle the issue of climate change, Rush again recounts an incident from her book tour to New Orleans. Asked if she still had hope at the end of her presentation (cf. ll. 55/56), she is very clear that she does. She accentuates this by using the anaphora "[t]he hope that I do have" in lines 56, 57 and 62. She explains what makes her optimistic by contrasting the individual solutions she rejects (cf. ll. 58/59) with a more political movement that she believes can change the world for the better (cf. ll. 65–76). The stylistic devices Rush uses in this section reflect both this hope and the urgency that something has to be done about climate change: Before she explains that only "coalitions amongst people" (l. 65) can make a difference, she uses a parenthesis to enumerate the catastrophic effects of climate change (cf. ll. 63/64). Fittingly for an article that focuses on flooding, climate change is compared to a "tide" that needs to be slowed down (cf. ll. 72/73). That there are indeed chances for this to happen is expressed in another metaphor, namely that the membership of Higher Ground "has ballooned" (l. 67), and in the enumeration of the various groups that come together and demand change (cf. ll. 75/76), therefore doing exactly what the author of the article and climate expert Elizabeth Sawin, whom she quotes, demand. Ending with another metaphor that shows what is not the solution in Rush's opinion, namely "marrying guilt to redemption" (l. 77), the author puts the focus on large-scale problems, such as "cheap fossil fuels" (l. 77), that need to be tackled.

conviction: hope is justified, but action is urgently necessary

By sharing her own thought process with the reader, Elisabeth Rush gradually builds her argument that only systemic solutions will ultimately prove successful. That thought is convincingly conveyed in a clever mixture of personal experiences and the stories of people directly affected by climate change.

conclusion

1 **TIPP**

You need to answer the question "Do you agree?" for this task. This means that you have to express your own opinion and substantiate it with at least two convincing arguments. It is advisable to finish with your strongest argument, so after collecting ideas, rank them according to their weight. Start with a short introduction, at the end of which you should state your opinion. End with a conclusion, which ideally refers back to issues you have raised in the introduction.

The sample solution mentions the following points:
(**optional**) **heading**
introduction: air travel is too cheap as it does not cover all its costs
main part: arguments why air travel should be more expensive
- safety concerns
- exploitation at the workplace
- environmental consequences of cheap flights

conclusion: long-term benefits of fewer flights

Of course, it is also perfectly legitimate to disagree with the statement. Possible arguments why air travel should not become more expensive are:
- economical argument: many people buying cheap flights generate the same (or higher) profits as few people buying expensive flights
- social argument: why should only rich people be allowed to enjoy seeing the world?
- environmental argument: big spenders will not be discouraged by higher prices → other measures must be taken, "punishing" the individual will not stop climate change

The real costs of flying — **heading**

introduction

€ 99 for a return flight to Paris sounds like a great deal and almost too cheap to be true. Is that simply wonderful or are we missing an important point here? With prices like this, air travel has become a treat almost everyone can afford. However, with bargain ticket prices, which do not cover the real costs, someone has to pay for the spread. So, I believe that air travel should be a lot more expensive in the first place to prevent its hidden and potentially much higher costs.

main part:
argument 1:
safety concerns

Flying is still a fairly dangerous enterprise, even if commercial aviation has become quite safe in comparison with say 50 years ago. However, one has to bear in mind that this is thanks to both the technology that has improved and the personnel operating it. These two come at a price, though, and if cutting costs to offer competitive ticket prices is the driving force behind the decisions airline boardrooms make, it will not improve the crews' and passengers' safety.

argument 2: exploitation of workers

In addition to an increase in air traffic safety, more expensive flights could also leave more resources for the people working in the industry. Both the workforce at the airports and onboard face growing pressure to accept longer hours and other similarly deteriorating working conditions. While pilots or air traffic controllers may be fairly well-paid, a lot of the staff operating in the background, like security guards or cleaners, who keep the system running, have a hard time to make ends meet. Added to the general social argument that everyone should be paid decent wages, this is also connected to the aforementioned safety concerns, as only lucrative jobs attract good employees.

argument 3: environmental consequences of cheap flights

So far, we have only looked at those directly involved in commercial aviation, be it as passengers or employees. Yet, we all are affected to some extent. Aviation is a means of transportation that needs a lot of energy, which usually requires burning fossil fuels. It thus plays a role in increasing the temperature on our planet. Of course, flying is on no account the only source of carbon dioxide pollution, but one element that has to be discussed. As long as flying is cheap, many options like travelling by train, meeting via video chat or spending holidays closer to home, which are more environmentally friendly, are not even taken into consideration.

conclusion

As unpopular as demanding more expensive plane tickets is, since it might cost jobs and make plane journeys less affordable, I believe that it is a necessary step. In the end, we will all profit when safety is increased, better jobs are provided and our economy is transformed so that it no longer makes future generations pay for our profit. That does not mean that we can no longer travel to foreign countries at all, but would it really be such a great loss if a high-speed rail service or an old-fashioned night train was the cheaper option for your trip to Paris?

2 **TIPP**

To deal with a quote successfully, you first have to make sure that you grasp its meaning. In this case, Gandhi contrasts human needs with human greed. He states that while human needs could easily be satisfied for everyone, human greed exploits resources for the profit of few at the expense of many. While it can often be the easiest way to start with the quote itself and then connect its explanation to some arguments as to why what is said is true or false, a different approach has been chosen here: the general topic of the quote, having enough, is focused on. In a next step, our affluent society is seen in a critical light. However, while it is perfectly admissible to choose such a freer approach, do not forget to refer to the quote at one point or the other.

The following structure has been used here:
(**optional**) **heading**
introduction: example of us being used to having everything
main part: Gandhi's quote
- large differences around the world → **first part of the quote** seems to be wrong: there is not enough for everyone
- there would be enough if we shared and only took what we needed → **second part of the quote** is true

conclusion: agreement with quote, but also admission that change is difficult/ uncomfortable

The world is not enough, is it?

heading

My grandma was born in dire times. It was 1944, and apart from a dreadful war, there was hardly enough of anything. As a child of this post-war generation, my grandma would always have a cellar full of supplies. We used to mock her since we are used to being able to get anything we want at the supermarket at any time. Yet, if we take a look beyond the end of our Eurocentric noses, is there really enough for everyone everywhere?

introduction

The goods and resources consumed by the average German vastly exceed those available for the majority of the world's population. We use up more water, more land and more energy and produce more rubbish than people in say Ghana or Bangladesh. Our prosperity is paid for by millions of people who do not have enough to eat and live in extreme poverty. On a superficial glance, Gandhi seems to be wrong when he said that "Earth provides enough to satisfy every man's need". When there are so many people who die of hunger, of thirst, of disease, how can he say that there is enough for everyone?

main part: apparent rejection of **first part of Gandhi's quote**

On the other hand, let us not forget the second part of the quote, that "earth [does not provide] enough to satisfy every man's greed". Maybe if we could learn to live together and share, there would indeed be enough for everyone. Do we really need to eat meat every day, go on holiday several times a year and buy more clothes than we can ever wear? If people in the Western world would do with only a little bit less, there might be enough resources left to feed, clothe and heal the rest of the world.

second part of Gandhi's quote is true

So, I would conclude that Gandhi was right. However, while I believe that the majority of us is not happy with exploiting others, it is also quite difficult to really change something about the way we live.

conclusion

The poor are just too far away from us and so it is too convenient to simply forget about their lot. Changing our agreeable lifestyle would require sacrifice and determination. These are especially hard to muster when we can never be sure that it would really help others if we gave up certain comforts. With a just distribution of goods, Gandhi's idealism would certainly prove true. However, I think it is a very long way to achieve this.

3 **TIPP**

If you understand the message of the cartoon, it is a viable choice for the composition task as it already provides you with a very clear structure that you can follow. You should merely bear in mind that the three parts of the task (description, analysis, comment on the message of the cartoon) should be more or less evenly balanced. So, make sure that you do not lose yourself in an extensive description without keeping in mind the overall message. For this message, speech bubbles or captions often give decisive hints.

Your composition could be structured like this:

description: two-panelled cartoon:

- on the left: couple at breakfast, man complaining about government's inertia to fight global warming
- on the right: rack with couple's keys for several luxury goods

analysis:

- keys (i. e. solutions) to global warming in every individual's hands
- time to act instead of complaining about government inaction

comment:

- to stop global warming, structural change necessary
- individual restraint is <u>not</u> the key

In Signe Wilkinson's cartoon, which comments on common attitudes towards climate change, a couple having breakfast is depicted in the left half of the picture. While the woman is serving coffee, her husband, who is reading the paper, says, "Why isn't the government looking for the keys to global warming?" On the right side, you can see a rack with the couple's keys to their beach and their pool house as well as their SUV, their minivan and their riding lawnmower, as the labels attached indicate. **description**

The cartoon is an obvious play on the word "key". While the figurative "keys" to the climate crisis the man is talking about can be decoded as "solutions", the cartoonist suggests that the couple's actual keys could be the answer to reducing the speed of global warming. She implies that the man and woman's lifestyle, which includes a number of vehicles and luxurious real estate, is part of the problem. **analysis**

Therefore, "the keys to global warming", which, according to the man's complaints, the government is unable to find, are in fact in his own hands.

comment

Although the caricaturist is right about the fact that the lifestyle of many people in the Western world and beyond contributes to global warming, I do not think it fair to solely blame individuals and their private choices. Our entire economic system revolves around consumption and growth. Suggesting that the keys to changing the world for the better lie in our hands is naïve. We will not save the planet if we cycle to work and refuse to take planes to go on holiday, unless every single human being does so. That again is not what keeps workers in the automotive industry, airline crews, travel agents and so many other people employed. We will only be able to change the course of history if we start with the very foundations of our way of life. For such a far-reaching goal, both a consensus in society as well as a solid plan for an economy that can deal with the change are necessary.

Text 2 Behold the Dreamers

Text comprehension and analysis

1 **TIPP**

"Outline" means that you are to extract specific information from the text and express it in your own words. In this case, the task is twofold. First, you have to look for details which describe Neni's view of America before moving there and second, you have to focus on her circumstances once she is living there. You should mention changes to her former view of her dream country as well as continuities in her thinking. Make sure you stick to the content specified in the task leaving out anything that deviates from it. You should also organise your answer in different paragraphs. Stay close to the excerpt while at the same time using your own words as far as possible. In preparation for your "Abitur", it is important to talk to your teacher to clarify how they expect you to deal with different tasks as they may or may not accept direct quotes with assignments, such as "describe" or "outline".

The following points could come up in your solution:

- **Neni's view of America before actually living there**
  - America seen in contrast to Neni's circumstances in Cameroon (cf. ll. 2–6)
  - land of opportunities (both personal and for society at large) (cf. ll. 11/12, 17/18)

- Neni's sources of information: soap operas, films, TV shows (cf. ll. 9/10, 16)

– **Neni's reality in the USA**
  - image presented on TV not true, but unwavering belief in opportunities (cf. ll. 18–21)
  - grim reality, especially since husband's unemployment (cf. l. 50)
  - despite Betty's example proving the opposite, US citizenship still equated with prosperity and self-fulfilment (cf. ll. 77–81)

view of America before moving there
contrast USA – Cameroon

When Neni lives in Limbe in Cameroon stuck with keeping house for her father who denies her a secondary education (cf. ll. 2–6), she starts to dream about life in America. Contrary to her native Cameroon, she imagines America to be the land of untold opportunities for those wanting to achieve success.

personal opportunities

Therefore, she is absolutely thrilled (cf. ll. 13–15) when her husband Jende finds a sponsor for a ticket to the USA and is given the chance to go to America to look for a job there. She pictures herself as finally being an educated woman who owns a home and who can raise a happy family (cf. ll. 17/18) once Jende makes her and their son Liomi join him.

more equality (impressions gained from TV)

Besides these expectations for personal success and happiness, American soap operas, films and TV shows (cf. ll. 9/10, 16) have also given Neni the impression of an overall more equal and promising country. In spite of the fact that not all film characters appear in a favourable light, Neni still gets the impression that Black people could prosper economically the same as White people (cf. ll. 11/12) and that life in general runs rather smoothly in the USA.

reality in the USA
different from TV

When she finally arrives in America, she must admit that reality differs from what she was led to expect from the films she had watched. Nevertheless, she tenaciously clings to the belief that great opportunities lie ahead (cf. ll. 18–21).

difficult situation after Jende's job loss

Things take a turn for the worse when her husband loses his job and the family's financial situation worsens rapidly (cf. l. 50). Jende then seriously considers moving back to Cameroon, but Neni vehemently opposes this idea (cf. l. 71).

unwavering belief in American Dream

Neni's naiveté has not changed and not even the fact that her friend Betty, who has been an American citizen for a long time (cf. l. 77), is still struggling to make a living robs Neni of the illusion that she would succeed given the same status. No matter how sobering everyday life is for her, Neni determinedly holds on to her personal American Dream of going "from rags to riches" (cf. ll. 80/81).

2 **TIPP**

The assignment shows quite clearly on which parts of the text you should focus your analysis, namely on Fatou's (cf. ll. 22–38) and Betty's (cf. ll. 40–79) respective reactions to Neni's conflict. Before going into the analysis of what they advise Neni to do, how they express their attitudes and what these reveal about gender roles in general, you can start by summarising the conflict Neni finds herself in. For the analysis, remember to not only summarise the two women's opinions, but to also show how they are expressed in the excerpt at hand. Use appropriate quotations to find evidence for your points. As Neni herself remains indecisive, her reaction to the contrasting pieces of advice could be a fitting conclusion.

You could structure your answer in the following way:
introduction: Neni's conflict: husband wants to leave America for Cameroon (cf. ll. 42/43), Neni wants to stay but feels obliged to be obedient to her husband (cf. ll. 66–69, 71, 80/81)
analysis: contrasting reactions of Neni's two friends

- **Fatou** as the personified role model of an obedient African wife
  - attitude: unthinkable to disobey husband (cf. ll. 29–33)
  - language and her own conviction characterise her as an "African woman" (cf. e. g. ll. 29–31)
  - humorous allusion to having children only for her husband's sake (cf. ll. 35/36)
  - "one-woman book of odd opinions" (l. 28): confidence in her own convictions
- **Betty** as a "modern American woman"
  - attitude: gender equality when it comes to money and joint decisions (cf. ll. 63–65)
  - standard American English, working woman (cf. ll. 78/79)
  - reactions to Neni's reluctance: anger (cf. ll. 57, 72), scorn for Jende's decision (cf. ll. 44/45)
  - manner of speaking: interrupting Neni (cf. ll. 50/51, 64/65), asking lots of (sarcastic) questions (cf. ll. 40/41, 44/45, 47, 51, 55, 61, 63, 68, 70)

conclusion: Neni caught between tradition and wish to follow her own dreams (cf. ll. 1, 66/67)

introduction

After being made redundant, Neni's husband Jende wants to return to Cameroon because he thinks it will be easier there than in America to come to terms with their reduced circumstances (cf. ll. 42/43). This resolve puts Neni in a difficult position as on the one hand she hates the idea of going back to Limbe and would rather stay in New York where she optimistically expects her luck to turn given the opportunity (cf. ll. 71, 80/81). On the other hand, she still sees herself in the traditional role of an African woman who does not question her husband's decisions (cf. ll. 66–69).

Neni's conflicting feelings are mirrored in two of her friends' attitudes. Fatou is the personified role model of an African wife. She does not dispute a husband's right to make decisions concerning his family without asking his wife's opinion. Voicing a different point of view or even contradicting her husband does not cross her mind (cf. ll. 29–31). This conviction of "stand[ing] behind the husband and […] following them" (l. 30) or, as she puts it blandly, "Everything he want, I do" (l. 33), as well as her language (cf. ll. 22, 25/26, 29–31, 33, 35/36) show her as an "African woman" and she clearly identifies as such and contrasts this to a "woman in this country" (cf. ll. 29–31).

analysis: contrasting attitudes of Neni's two friends

Fatou as personified role model of obedient African wife

While this attitude is limiting and oppressive from a European perspective, Fatou herself seems to have accepted her life. She even makes light of it, when she ironically describes having children as a mere favour to her husband (cf. ll. 35/36).

Fatou confident in and humorous about her role

Neni's other friend Betty is similarly convinced of her own attitude, which is in stark contrast to Fatou's. She is a hard-working and determined woman (cf. ll. 78/ 79), speaks standardised American English and does not conform to the traditional gender roles of the African community. Instead, she seems to have embraced the more emancipated roles women have in American society.

Betty as representative of "modern American women"

Not only does she ridicule Jende's conviction that a hard life in Cameroon is better than a hard life in America (cf. ll. 44/45) most eloquently, but she also firmly believes in gender equality where the use of jointly earned money is concerned. To her mind, Neni has to have as much say in how to spend their savings as Jende (cf. ll. 63–65).

gender equality

When Betty sees Neni waver over whether to allow her husband to dominate her, as tradition demands, or to stay firm in her wish to remain in America as opposed to Jende's decision, she is exasperated and disgusted at her friend's lack of self-confidence (cf. ll. 57, 72). Her anger and determination can be clearly seen in her way of talking to Neni. Betty repeatedly interrupts her friend (cf. ll. 50/51, 64/65) and asks lots of questions (cf. ll. 40/41, 44/45, 47, 51, 55, 61, 63, 68, 70), which illustrate her refusal to just bow to tradition.

anger and scorn in answer to Neni's indecision

Despite her rebellious thoughts, Neni herself does not seem to be ready yet for ridding herself of traditional gender roles when she answers Betty "What kind of talk is that? […] You think I'm an American woman? I cannot just tell my husband how I want something to be" (ll. 66/67). So, despite her outspoken avowal that "She would not be leaving. Never. She would not be returning to Limbe." (l. 1), Neni has neither Betty's independence to follow her own dreams nor can she meekly accept her husband's wishes, as Fatou suggests.

conclusion

1 **TIPP**

When asked to comment on a statement you are supposed to agree or disagree with what is being said. Sometimes it will be easy for you to have a very decided opinion on an issue. Then you will only have to think of enough arguments in favour or against a subject. If you are in two minds about a possibly controversial statement, then do not worry about expressing your conflicting views. In the end, though, you should come to a clear conclusion consistent with the arguments you have put forward.

The quote at hand deals with two different times in US history: the past and the present, or rather the future. You should mention both in your essay. The historical view is also a good point for your introduction.

Finally, you can also consider who is being quoted. Despite George H. W. Bush having been a Republican too, his positive attitude towards immigration is in stark contrast to Donald Trump's view. This would be a good point for your essay's conclusion.

The following structure has been used in the sample answer:
(optional) heading
introduction: reference to the quote: historical examples of the USA as a nation of immigrants
main part: agreement with former president Bush's quote
- **first argument:** reference to the past
- **second argument:** reference to the future

conclusion: opinion and comparison Bush vs. Trump

History is repeating itself — **heading**

introduction

Ever since Walter Raleigh tried to found the first settlement in Virginia in 1585 and even more firmly since the Mayflower brought the Pilgrim Fathers to Cape Cod in Massachusetts in 1620 the concept of immigration has been a cornerstone of American history. For hundreds of years, people have been irresistibly drawn to the "New World" and it is obvious that this trend remains unbroken. Despite the problems it can certainly create, immigration can have the most positive effects and can represent "not just a link to America's past [but] also a bridge to America's future" as George H. W. Bush once put it. All things considered, I fully agree with the former president's view.

main part:
first argument:
reference to past

With regard to the past, it is an undeniable fact that immigration has been vital for creating America as we know it today. Without the influx of people from all around the globe, from all social classes and with all their different religious beliefs, the US would not have become the unique blend of various cultures and ethnicities that it is today. Often united by the desire to escape poverty or persecution, frequently driven by a thirst for adventure and the possibility of starting a new life, most of those reaching America after a dangerous journey were prepared to work hard in order to prosper and to lead better lives than the ones they had left behind. By doing so, each of them contributed to building a thriving nation proud of her citizens' joint efforts and this process is still going on.

second argument: reference to future

With regard to the future, not only are there lots of people who want to immigrate to America for the same reasons as those before them, but also for the opportunities created by the continuous input of diverse newcomers. Be it labourers working in agriculture or the industry, owners of small businesses or scientists using the cutting-edge research facilities and providing America with her fair share in Nobel laureates by the ground-breaking outcome of their studies, they all work together to secure America's future and to cement her leading position in a rapidly changing world.

conclusion

To sum it up, all those people's joint efforts are needed to ensure that America's vibrant history is kept alive. Especially in view of President Trump's often hostile attitude towards immigrants, it is reassuring to see that one of his predecessors recognised the important contribution these newcomers make to the USA. So, even if it is clear that immigrants from all walks of life may profit from what the US offers them, it is also evident that immigration will continue to play an essential role in the positive development of the land of opportunity and that America profits from them at least as much.

2 **TIPP**

Before tackling the task, make sure you know what type of composition you are meant to write. Similar to "comment", the question "Do you think …?" requires you to express your own opinion, in other words to agree or disagree with the given statement. If you are convinced of your position, it is sufficient to argue for or against the proposed measure. Should you have reservations about a definitely positive or negative answer, then do not hesitate to mention these. In your conclusion, though, you have to clearly state your point of view.

A good way of beginning your essay is a reference to the task you are given by either generally referring to quota systems in different fields or by picking out a specific example where such a measure might be warranted. You can round off your introduction by stating your personal opinion on the subject.

The main part of your composition should consist of two to three clearly expressed arguments to support your view. In order to sound convincing, you need

comment on the cartoon's message: impossibility to kill dreams and keep desperate people out of a country by physical barriers alone

description

The cartoon shows a man and a boy of possibly Mexican origin. The man is sitting on a mound of earth. His head is turned to the left towards the boy whom he is watching pensively. The boy is shown from behind standing on the rungs of some sort of partition made of corrugated iron. Holding onto the rough edge of the fence, of which the top left panel has been pried loose, he seems to be contemplating the scene before him. It shows a silhouetted skyline of a city illuminated against the night sky by the sparkling shower of stars produced by fireworks. The boy is putting his feet on two different rungs, but it is not clear whether he is doing it for a better foothold or whether he is about to climb over the fence.

interpretation: American Dream

The message of the cartoon becomes clear when focusing on its symbolism. The metal partition with its horizontal stripes and the stars of the fireworks resemble the American flag. Thus, the cartoon alludes to the American Dream and the hopes that many Mexicans entertain when thinking about a better life north of the border. What the boy can see through the hole in the fence is a sparkling, glittering place.

reality at US-Mexican border

However, the cartoon also shows that this land of dreams might be out of reach for the two Mexicans. The fence could be seen as a symbol for the wall Donald Trump intends to erect on the border to Mexico, thereby showing that the USA, despite its image as a land of freedom, tolerance and multiculturalism, is in reality not as ideal and certainly not as welcoming as the potential immigrants might hope.

ongoing hopes and dreams

While the man sitting on the ground could be interpreted as having accepted this and having become rather disillusioned, the boy is not prepared to give up. Like the Iron Curtain or the Berlin Wall in the past, which crumbled because they could not withstand the pressure of people no longer wanting to be divided and separated, this structure will soon deteriorate too. As long as the pull of the world behind the window that allows glimpses into a glittering world remains strong, a barrier made of poor material like corrugated iron cannot be very efficient in permanently discouraging people from crossing the border.

comment

For me, the cartoonist's view that nowadays it is almost impossible to permanently hinder people from getting across borders by putting up fences is absolutely true. Walls and the like definitely make immigration more difficult and more dangerous. Still, no matter how hard reality might prove to be, it is even harder for many prospective immigrants to give up on their hope that life in a Western country, especially the USA, is the solution to all their problems. This is all the more so when people on the brink of leaving their home can get so much information from TV, the Internet or various social media. There, reality is often presented in a distorted way by more or less wilfully ignoring negative aspects and by painting too bright a picture of everyday life. Therefore, the American Dream does not lose its appeal. In the long run, only a general raising of the living standards in poorer countries will diminish the irresistible attraction of the perceived country of opportunities for those who look at this "promised land" from the outside with envy and longing.

MEDIATION

TIPP

The assignment outlines a clear structure for the text: you should describe the history of advertising columns, their current situation and people's attitudes towards them. In the following text, the aspect "current situation" is divided in two parts: the disappearance of the traditional model is connected to a section about people's attitudes, which can serve to explain why there is a future in spite of the current decline. The prospect of a revival is dealt with in another paragraph. You can always adapt the structure of your text to the way you can present the ideas most convincingly.

It is also necessary to consider which type of text is required and who its readers are. In this case, the text is supposed to be part of a brochure for English-speaking visitors of a historical museum. You can consequently assume that the target audience consists mainly of well-educated native speakers or people whose English is better than their German.

Before starting to write, it may be a good idea to look up synonyms in order to avoid overusing words like "column" and "Berlin" (column: billboard, pillar; Berlin: German capital, city).

The following points should be mentioned in your solution:

- history of the "Litfaß" columns:
  - invented in Berlin in the middle of the 19th century by Ernst Litfaß (cf. ll. 3–5, 18/19)
  - function of "Litfaß" columns: to spread official information and act as an advertising medium (cf. ll. 19/20)
  - original deal connected with Litfaß's promise to build public toilets, which was never fulfilled (cf. ll. 24–27)
  - have become iconic symbol for urban life (cf. ll. 28–32)
- current situation:
  - 2,500 columns about to be destroyed (cf. introduction)
  - new standardised columns about to be erected (cf. ll. 51–53)

- today's use: quite cheap advertising medium for local and rather small events (cf. ll. 59–63)

– people's attitudes:
  - initiatives to save them (petitions, private ownership) (cf. ll. 37–39)
  - desire to have something real and authentic in times of Facebook, Google, etc. (cf. ll. 41–46)
  - nostalgia for former times (cf. ll. 47–50)

"Litfaß" columns – Berlin's beloved billboards heading

Ernst Litfaß's idea of a column to publish official information and later advertisements was part of a deal with Berlin's municipal authorities to build more public toilets in the middle of the 19th century. While negligence of the second part of the agreement never improved the sanitary situation of the German capital, the pillars promoting goods and events have become icons of Berlin. They are even featured on famous book covers as a symbol of urban life. history

Yet, 2,500 of them are now to be torn down and destroyed. People, however, care for their pillars. In Görlitz, another city full of "Litfaß" columns, petitions have been started and private sponsorship suggested to save them. The nostalgia for them has probably less to do with the objects themselves, but with people's memories of a time when they were significant. Furthermore, there is nostalgia for a concrete world rather than the digital image of it. This is especially relevant in times of Facebook, Google, etc, where advertising is connected to our data being collected and sophisticated algorithms deciding which ads we are supposed to see. people's attitudes

In the end, Litfaß's idea may be less outdated than one could think: an advertising agency from Stuttgart is planning to erect new columns, replacing their older more varied ancestors with one uniform model. They might still have a future as a rather cheap means of communication for the niche of local marketing. prospective future

Abiturprüfung 2021
Bayern ▪ Englisch

LISTENING COMPREHENSION (20 %)

Task 1: A Memorable Basketball Game — Punkte: 15

You will have 1:30 minutes to study the tasks below. Then you will hear the recording twice, with an interval of 1:30 minutes to complete the tasks. After the second listening, you will have 1:30 minutes to finalise your answers.

You will hear part of a report about a memorable basketball game. While listening, do the tasks. You need not write complete sentences.

1 Long-term significance of National College Basketball Championship final in 1966: (1)

____

2 What Charles Martin does for a living: (1)

____

3 Two contrasting teams. Complete the table. (4)

	University of Kentucky	Texas Western College
coach's previous record		
ethnicity of starting 5		

4 Situation for the students in the south. Complete the sentence. (2)

While in the 1960s it became more and more common for black and white students to ______________________________, they still largely played ______________________________.

5	Nevil Shed's account of the game. Complete.		(3)
	reaction to David Lattin's spectacular move at the beginning of the match:		
	reason Nevil gets distracted:	"black trash"	0,5
	coach's command:	stay focused on the game	1

6 Experts' prediction before the final: (1)

Kentucky would win easily — 1

7 White prejudice – two supposed weaknesses of African American basketball players: (2)

- lack of discipline — 2
- only successful if surrounded by white players

8 The key to success for the Texas Western College Team. Tick the correct statement. (1)

- [x] They combined individual skills and team tactics. — 1
- [ ] They managed to turn the game in the final quarter.
- [ ] They punished their opponents' overbearing arrogance.
- [ ] They proved that an enthusiastic audience makes a difference.

Task 2: Monopoly

Punkte: 12

You will have two minutes to study the tasks below. Then you will hear the recording twice, with an interval of 1:30 minutes to complete the tasks. After the second listening, you will have 1:30 minutes to finalise your answers.

You will hear a report about the board game Monopoly. While listening, do the tasks. You need not write complete sentences.

1 The global and lasting success of Monopoly – two pieces of evidence: (2)

- ____________________
- ____________________

2 Tick the correct statement. (1)

Ralph Ansbach …

- ☐ taught economics in San Francisco.
- ☐ got paid for doing research on Monopoly.
- ☐ put forward the official history of Monopoly.
- ☐ didn't agree with Mary Pilon and her findings.

3 Tick the correct statement. (1)

Mary Pilon …

- ☐ contacted Ralph Ansbach about Monopoly.
- ☐ found information in the *Wall Street Journal*.
- ☐ thought Ralph Ansbach was sorely mistaken.
- ☐ thought that the game's history sounded plausible.

4 Chronology. What happened when? Complete the table. (3)

Time	Event
at the turn of the century	
1924	
early 1930s	

5 Tick the correct statement. (1)

Lizzy Magie …

- ☐ supported traditional gender roles.
- ☐ was generally in favour of monopolies.
- ☐ wanted to encourage people to buy land.
- ☐ saw left-wing people attracted to the game.

6 Tick the correct statement. (1)

Quakers in Atlantic City …

- [ ] criticised and later banned the game.
- [ ] called the original version "Monopoly".
- [ ] got rid of fixed property prices in the game.
- [ ] came up with street names that still exist today.

7 Tick the correct statement. (1)

Charles Todd …

- [ ] lived by himself in Atlantic City.
- [ ] refused to give testimony in court.
- [ ] provided a written version of the rules.
- [ ] was introduced to Monopoly by Charles Darrow.

8 Tick the correct statement. (1)

Charles Darrow …

- [ ] was paid $ 500 for the game.
- [ ] corrected a misspelt street name.
- [ ] widely promoted sales of the game.
- [ ] frequently played checkers with Charles Todd.

9 Tick the correct statement. (1)

Anti-Monopoly …

- [ ] was a game published by Parker Bros.
- [ ] was banned from being promoted and sold.
- [ ] was a new game invented by Charles Darrow.
- [ ] was the reason for Ralph Ansbach's legal issues.

TEXTAUFGABE

(55 %)

Der Prüfling hat **eine** Textaufgabe seiner Wahl zu bearbeiten.

Text 1 Reflecting on When Colin Kaepernick First Took a Knee

In August 2016 Colin Kaepernick sat in protest during the national anthem before National Football League (NFL) games, but soon started to kneel, taking the advice of a former NFL athlete and military veteran, who said kneeling would be less disrespectful.

When Colin Kaepernick first began kneeling while the US National Anthem played prior to kickoff at NFL games, the world was so different. […]

That was August 2016.

More than four years later, we can clearly see that the sweeping social-justice movement Kaepernick – then quarterback[1] of the San Francisco 49ers[2] – so quietly began not only has made him one of the most bold, visionary and (it must be said) divisive socio-political sports figures ever, but the whole point of his so-called 'protests' finally seems to be understood.

[…]

North America changed after the tragic, unjustified, police-caused deaths in the spring of George Floyd and Breonna Taylor, both Black Americans. And again after Jacob Blake, who's also Black, took seven bullets in the back while defying police instructions.

These incidents in particular have pushed the issues of racial inequality, racial justice reform and police brutality front and centre, and deep into the consciousness of current North American life. […]

It's informative to know that people of colour who become famous see racial disparities through an uncommon lens.

As former NFL and CFL[3] wide receiver[1] Andrew Hawkins said to NFL Network two weeks ago, a Black man quickly realizes upon becoming a pro athlete that "it doesn't matter the status you've climbed to, you cannot outrun racism or the fear that you wake up with every day."

The 34-year-old former Montreal Alouette[4] said it's particularly devastating – but, sadly, necessary – that millions of parents-of-colour, for generations, have felt the need to impart to their sons and daughters the finger-wagging warnings of how to behave in public in such a way as to never entice police interaction, or incite police anger. And how to act if they should, especially if pulled over while driving – all in fear of unjustified, violent police reactions, including death.

"Having to have that conversation with my eight-year-old son," said Hawkins, who then started to cry, and needed a moment before continuing. "I mean, it's a day that I've dreaded since he was born. And it hurts … There's no bubble I can keep him in, as much as I home-school him. So I keep him at home, prevent him from going places, don't let him play with toy guns, don't let him play video games with shooting, just in case he enjoys it and wants to play with a toy gun in public."

Seriously, if you're a white parent, have you ever even considered having such a talk, or taking such preventative measures, with your kids?

Exactly.

We all can wish such parent-to-kid talks among people of colour would become unnecessary. Wishing alone doesn't change anything, however. Actions do.

But what actions?

It's gratifying to see so many people across the sports world, and across society in general, contributing money, time, effort and ideas this summer to further earnest, peaceful initiatives – distinct and far apart from those who 'protest' via pre-planned violence, vandalism or looting, all of whom deserve the chance to rethink their unhelpful anarchy over many years in a jail cell. [...]

Kaepernick followed the general advice Martin Luther King gave in the Sixties: "We will try to persuade with our words, but if our words fail, we will try to persuade with our acts."

Any of us can disagree with how Kap chose to act – the mode, the kneeling – and millions in 2016 sure did, with vehemence, to the point that the NFL's coveted TV ratings took a pronounced dip in the US that year.

To deliberately offend and even outrage tens of millions of mostly white North Americans was a bold calculation on Kap's part. But another US Civil Rights icon who died only this summer, John Lewis, saw non-violent but provocative action as the most effective action in this regard: "Get in good trouble, necessary trouble, and help redeem the soul of America."

Kaepernick knew his kneel-down 'protest' as the pre-game rendition of The Star Spangled Banner was sung or played would draw attention.

But he didn't plan on his primary message getting lost. Kaepernick kept trying to convince everyone he wasn't protesting the US flag, or the US military, or the anthem itself – an intention millions surely still believe, or infer.

Rather, Kap was merely expressing, he said, his displeasure that the revered words that patriotic Americans worship – in the country's 1776 Declaration of Independence, in the ensuing US Constitution, and sung in a thousand country music songs – still too often, in too many ways, don't apply to people of colour.

Especially in dealings with police, or the American justice system.

When Kaepernick, then 29, made his first start of the 2016 season for the San Francisco 49ers at Buffalo, in mid-October, I happened to be on hand.

During the Bills'[5] 45-16 steam-rolling of the 49ers, Kaepernick was booed, sworn at, yelled at and more by mostly partisan Bills fans, some wearing home-painted T-shirts bearing words not fit for a family readership.

More than once, chants of "USA! USA! USA!" reverberated around the Bills' 70,000-seat stadium – an unmistakable reply to Kaepernick that his controversial pre-game action was un-American.

For those who don't empathize with that side of the controversy, know that military members in Canada as well as in the US are taught always to stand at firm attention and salute the flag whenever the anthem plays. And generations of American school children have begun the day by standing and citing the Pledge of Allegiance: "I pledge allegiance to the Flag ..."

To many of them, the very idea of kneeling during the anthem is abhorrent – an offensive, unpatriotic action, whatever Kaepernick's good-minded motivation.

After that thumping loss to the Bills in 2016, Kaepernick patiently explained to a handful of reporters in the cramped visitor's post-game interview room why the widespread perception of what he was trying to accomplish was wrong […].

A couple months later the 49ers cut him loose and no NFL team to this day has been willing to sign the divisive figure. *(993 words)*

From: John Kryk: KRYK – "Reflecting on When Colin Kaepernick First Took a Knee", in: Toronto Sun, *08 September 2020, https://torontosun.com/sports/football/nfl/reflecting-on-when-colin-kaepernick-first-took-a-knee (abridged). Material republished with the express permission of:* Toronto Sun, *a division of Postmedia Network Inc.*

Annotations

1	quarterback, wide receiver	players' positions in American football
2	(San Francisco) 49ers	American football team
3	CFL	Canadian Football League
4	Montreal Alouette	member of the Canadian football team Montreal Alouettes
5	Bills	Buffalo Bills, an American football team

Text comprehension and analysis 35 %

Complete the following tasks using your own words as far as is appropriate.
Quote correctly.

1 Outline Colin Kaepernick's motivation for his special form of protest, people's reactions to it and his own experiences. (15 %)

2 Taking into account his line of argumentation and use of language, analyse the writer's attitude towards Kaepernick's actions. (20 %)

Composition 20 %

Choose **one** of the following topics and write a coherent text laying out your ideas.

1 Everybody should have the courage of their convictions, even if it means sacrificing a great deal in the short term. Do you agree?

2 "Justice will not be served until those that are unaffected are as outraged as those who are." (Benjamin Franklin, 1706–1790)
Comment on this statement.

3 Describe briefly, analyse and comment on the cartoon.

© *John Darkow/politicalcartoons.com*

Text 2 The Sun Temple

They were on their way to see the Sun Temple at Konarak. It was a dry, bright Saturday, the mid-July heat tempered by a steady ocean breeze, ideal weather for sightseeing. Ordinarily Mr. Kapasi would not have stopped so soon along the way, but less than five minutes after he'd picked up the family that morning in front of Hotel Sandy Villa, the little girl had complained. The first thing Mr. Kapasi had noticed when he saw Mr. and Mrs. Das, standing with their children under the portico of the hotel, was that they were very young, perhaps not even thirty. In addition to Tina they had two boys, Ronny and Bobby, who appeared very close in age and had teeth covered in a network of flashing silver wires. The family looked Indian but dressed as foreigners did, the children in stiff, brightly colored clothing and caps with translucent visors. Mr. Kapasi was accustomed to foreign tourists; he was assigned to them regularly because he could speak English. Yesterday he had driven an elderly couple from Scotland, both with spotted faces and fluffy white hair so thin it exposed their sunburnt scalps. In comparison, the tanned, youthful faces of Mr. and Mrs. Das were all the more striking. When he'd introduced himself, Mr. Kapasi had pressed his palms together in greeting, but Mr. Das squeezed hands like an American so that Mr. Kapasi felt it in his elbow. Mrs. Das, for her part, had flexed one side of her mouth, smiling dutifully at Mr. Kapasi, without displaying any interest in him.

As they waited at the tea stall, Ronny, who looked like the older of the two boys, clambered suddenly out of the back seat, intrigued by a goat tied to a stake in the ground.

"Don't touch it," Mr. Das said. He glanced up from his paperback tour book, which said "INDIA" in yellow letters and looked as if it had been published abroad. His voice, somehow tentative and a little shrill, sounded as though it had not yet settled into maturity.

"I want to give it a piece of gum," the boy called back as he trotted ahead.

Mr. Das stepped out of the car and stretched his legs [...]. He frowned, watching as Ronny rushed toward the goat, but appeared to have no intention of intervening. "Bobby, make sure that your brother doesn't do anything stupid."

"I don't feel like it," Bobby said, not moving. [...]

"You left India as a child?" Mr. Kapasi asked when Mr. Das had settled once again into the passenger seat.

"Oh, Mina and I were both born in America," Mr. Das announced with an air of sudden confidence. "Born and raised. Our parents live here now, in Assansol[1]. They retired. We visit them every couple years." He turned to watch as the little girl ran toward the car, the wide purple bows of her sundress flopping on her narrow brown shoulders. [...]

"Where's Mina?" Mr. Das asked.

Mr. Kapasi found it strange that Mr. Das should refer to his wife by her first name when speaking to the little girl. Tina pointed to where Mrs. Das was purchasing something from one of the shirtless men who worked at the tea stall. Mr. Kapasi heard one of the shirtless men sing a phrase from a popular Hindi love song as Mrs. Das walked back to the car, but she did not appear to understand the words of the song, for she did not express irritation, or embarrassment, or react in any other way to the man's declarations. […]

Mrs. Das reached the car. "How long's the trip?" she asked, shutting the door.

"About two and a half hours," Mr. Kapasi replied.

At this Mrs. Das gave an impatient sigh, as if she had been traveling her whole life without pause. She fanned herself with a folded Bombay film magazine written in English. […]

"Doesn't it get tiresome, Mr. Kapasi, showing people the same thing every day?" Mr. Das asked, rolling down his own window all the way. "Hey, do you mind stopping the car. I just want to get a shot of this guy."

Mr. Kapasi pulled over to the side of the road as Mr. Das took a picture of a barefoot man, his head wrapped in a dirty turban, seated on top of a cart of grain sacks pulled by a pair of bullocks. Both the man and the bullocks were emaciated. In the back seat Mrs. Das gazed out another window, at the sky, where nearly transparent clouds passed quickly in front of one another.

"I look forward to it, actually," Mr. Kapasi said as they continued on their way. "The Sun Temple is one of my favorite places. In that way it is a reward for me. I give tours on Fridays and Saturdays only. I have another job during the week."

"Oh? Where?" Mr. Das asked.

"I work in a doctor's office."

"You're a doctor?"

"I am not a doctor. I work with one. As an interpreter."

"What does a doctor need an interpreter for?"

"He has a number of Gujarati patients. My father was Gujarati, but many people do not speak Gujarati in this area, including the doctor. And so the doctor asked me to work in his office, interpreting what the patients say."

"Interesting. I've never heard of anything like that," Mr. Das said.

Mr. Kapasi shrugged. "It is a job like any other."

"But so romantic," Mrs. Das said dreamily, breaking her extended silence. She lifted her pinkish brown sunglasses and arranged them on top of her head like a tiara. For the first time, her eyes met Mr. Kapasi's in the rearview mirror: pale, a bit small, their gaze fixed but drowsy.

Mr. Das craned to look at her. "What's so romantic about it?"

"I don't know. Something." She shrugged, knitting her brows together for an instant. "Would you like a piece of gum, Mr. Kapasi?" she asked brightly. *(996 words)*

From: Jhumpa Lahiri, Interpreter of Maladies, *London 2000, pp. 43–50*

Annotation

1 Assansol city in the Indian state of West Bengal

Text comprehension and analysis **35 %**

Complete the following tasks using your own words as far as is appropriate. Quote correctly.

1 Give a characterisation of the Das family, considering their reactions to Indian culture in particular. (15 %)

2 Examine the way in which the interaction between Mrs. and Mr. Das and Mr. Kapasi unfolds, taking the narrative perspective into account. (20 %)

Composition **20 %**

Choose **one** of the following topics and write a coherent text laying out your ideas.

1 It is vital to speak a nation's language in order to understand its culture. Do you agree?

2 "Understanding different national, cultural, and religious traditions is no longer a luxury; it is now a necessity and must become a priority."
(Karen Armstrong, born 1944, British author)
Comment on this statement.

3 Describe briefly, analyse and comment on the cartoon.

" This is de ja vu all over again. I lost my shirt at the Taj Mahal in Atlantic City."

Annotation:
de ja vu = déjà vu

MEDIATION (25 %)

Aufgabenstellung

You are taking part in an international exchange programme run by *Youth for Understanding*. The participants have been asked to provide information for the exchange website about an iconic landmark in their region so that exchange students to this area can find out about the local sights prior to going there.

Using the text below, write an article with a suitable title in which you present the castle, focusing on the history behind it and its (everlasting) public appeal.

Text 150 Jahre Märchenschloss

Es ist weltbekannt und einer der größten Touristenmagnete Deutschlands: Das Schloss Neuschwanstein bei Füssen. Es wird jährlich von etwa 1,5 Millionen Touristen besucht. Nun feiert es sein 150-jähriges Jubiläum.

Auf der Bergspitze thront das weiße Schloss wie eine Majestät, die übers Land blickt: Seen, Hügel, Baumwipfel und eine tiefe Schlucht. In der Allgäuer Voralpenlandschaft wirkt das Bauwerk fast unwirklich, wie aus einem Märchen. Auch die 150-jährige Geschichte von Schloss Neuschwanstein könnte ein Märchen sein – eines von Träumen, Fantasien und vom Scheitern.

Die Historie von Schloss Neuschwanstein ist unmittelbar verbunden mit dem Schicksal von Bayerns König Ludwig II., dem Bauherrn. Als sein Vater starb, wurde Ludwig II. mit 18 Jahren König von Bayern. Der junge Thronfolger war in Geschäftsdingen unerfahren – und bekam das zu spüren. […]

Immer öfter sucht er Zuflucht in einer Traumwelt, denn in der Realität schien er nicht glücklich. Zeitzeugen bezeichneten ihn als „Exzentriker", andere glaubten, er sei verrückt. Wahnsinnig klang auch seine Vision von einem prachtvollen Schloss auf einem zerklüfteten Felsen. Der Berg mit einer Ruine gegenüber von Schloss Hohenschwangau war ihm schon als Kind aufgefallen.

Dort wolle er einen Bau „im echten Styl der alten deutschen Ritterburgen" entstehen lassen, schrieb er in einem Brief an Richard Wagner und kündigte an, in drei Jahren einziehen zu wollen. Die Bühnenbilder von Wagners Opern und die Wartburg nahe der thüringischen Stadt Eisenach waren Inspiration für das romantische Schloss. Mit Dynamit wurde die Bergspitze zu einem schmalen Plateau gesprengt. Am 5. September 1869 erfolgte die Grundsteinlegung.

Vom Sockel bis zur Turmspitze war das Schloss auf dem modernsten Stand der Technik des späten 19. Jahrhunderts. Geheizt wurde durch ein Rohrsystem, das im Winter warme Luft in die Räume blies. Essen wurde mit einem Speiseaufzug von der Küche direkt in den Speisesaal transportiert. Weitere Highlights waren fließendes, zum Teil warmes Wasser und eine automatische Toilettenspülung.

In den Prunkräumen funkeln Edelsteine, Gold und Glas. Wände sind mit Szenen aus Lohengrin und Parzival bemalt, mit Rittern und Heiligen. Durch die Außenfassade im weißen Kalkstein glich Ludwigs Kunstwerk immer mehr einem hübschen Schwan, der sich langsam in die Höhe reckt. Das romantische Gebäude wurde ein Kontrast zur industriellen Revolution – und vermutlich zu Ludwigs Verhängnis.

[…] Mehr als das Doppelte der angedachten Summe kostete der Schlossbau, umgerechnet mehr als 100 Millionen Euro. Doch anders als oft berichtet wird, bezahlte Ludwig II. seine Bauprojekte aus seinem Privatvermögen und dem Einkommen seiner Zivilliste, also dem aus der Staatskasse gewährten Zuschuss, nicht jedoch direkt aus der Staatskasse. Er musste jedoch mehrere hohe Kredite aufnehmen.

Ein Ratgeber Ludwigs, Graf Holnstein, telegrafierte an Bismarck schon ein Jahr nach Baubeginn: „Ganz geheim. Der König von Bayern ist durch Bauten und Theater in große Geldverlegenheit geraten. Sechs Millionen Gulden würden ihm sehr angenehm sein, vorausgesetzt, dass die Minister nichts erfahren. Für diese Summe würde er sich auch zur Kaiserproklamation […] entschließen.“ Für Bismarck war diese Bitte eine Chance, die deutsche Einheit und den Beitritt Bayerns zum Reich auszuhandeln.

Der Märchenkönig lebte nur wenige Monate im Schloss, erlebte die Fertigstellung von Schloss Neuschwanstein aber nicht mit. Im Juni 1886 starb der König auf mysteriöse Weise, wohl ertrunken im Starnberger See. […]

Nur sechs Wochen nach dem Tod des Märchenkönigs durften Besucher Schloss Neuschwanstein besichtigen. Um einen reibungslosen Besichtigungsverlauf […] zu gewährleisten, wurden einige unvollendete Räume noch fertiggestellt. Das Eintrittsgeld sollte helfen, die Kredite des Königs abzubezahlen. Die Bürger sollten sehen, wofür ihr König Unmengen an Geld verprasst hatte, seine Beliebtheit sollte damit beschädigt werden. Aber: Die Bayern waren begeistert. Schloss Neuschwanstein wurde im Jahr 1892 in vereinfachter Form fertiggestellt. Im Zweiten Weltkrieg diente es zeitweise als Depot für von den Nazis geraubte Kunst aus Frankreich. Die SS überlegt gegen Kriegsende sogar die Sprengung.

Was einst Rückzugsort eines menschenscheuen Königs werden sollte, ist nun Reiseziel von Millionen Touristen aus der ganzen Welt. Durchschnittlich werden 7 000 Gäste am Tag durch die Säle getrieben – alle fünf Minuten eine neue Besuchergruppe. Rund 69 Millionen Menschen haben bis dato Ludwigs pittoreske Räume betreten.

(654 Wörter)

Quelle: Andreas von Delhaes-Guenther: „150 Jahre Märchenschloss“, Bayernkurier *vom 06. 09. 2019, https://www.bayernkurier.de/inland/38811-150-jahre-maerchenschloss/*

Lösungsvorschlag

LISTENING COMPREHENSION

Transcript 1 **A Memorable Basketball Game**

Host: All this week, we're looking back through our archives to bring you firsthand accounts of key moments in Black[1] American history. In 1966, an all-Black team went head to head with an all-White team for the USA's National College Basketball Championship. The game is now regarded as breaking the colour barrier in US basketball.

Nija Dalal-Small: It's the 19th of March 1966. At Cole Field House Basketball Court in Maryland, the college basketball season is reaching its climax. It's the final of the NCAA championship, one of the biggest events in American sport. Charles Martin, now a professor of history and sports historian at the University of Texas at El Paso, watched the game on a black-and-white television in his South Texas dorm room.

Charles Martin: The championship game for college basketball 1966 was an unusual contrast. You had the University of Kentucky, which was the most successful college basketball programme in the United States at the time, with the most successful coach in college basketball at the time, Adolph Rupp, and an all-White team. On the other side was Texas Western College, a very obscure school with a very obscure coach, Don Haskins, who had never coached at another college previously. And you had a team whose starting five and top two substitutes were African American.

Nija Dalal-Small: It's the 1960s in America, a decade marked by the gains of the Civil Rights Movement. The march on Selma and the Voting Rights Act had just been passed the previous year. Although White colleges across the South had begun slowly integrating classrooms, college sports teams were still mostly segregated. By 1965, there were still only a few Black players at the top level. So when Texas Western College, based in the town of El Paso, came up against the University of Kentucky, it would be a historic event. Texas Western's team that night included David Lattin, Bobby Joe Hill, Orsten Artis, Harry Flournoy and Nevil Shed.

Nevil Shed: They scored first, and Coach Haskins told Big Daddy Lattin. He said, "Lattin, the first time you get the ball, I don't care if you travel, I want you to dunk it." And Bobby Joe threw the ball to David Lattin and he went up and threw down a thunderous dunk. And it kind of silenced the crowd because to look at this tremendous man do that, and from that point, I believe Kentucky knew that this was not going to be a *[sic]* easy game. The audience was White, the media was White, the

1 The words "Black" and "White" are capitalised to signal that they are not natural categories but social ones (for more background information on this topic see, for example https://www.theatlantic.com/ideas/archive/2020/06/time-to-capitalize-blackand-white/613159/).

referees were White. Behind me, I heard a couple of slurs and I turned around maybe to say something. Coach Haskins turned around, said, "Shed, you stay focused on the game." That wasn't the first time they called us "Black trash" and gosh knows other things. It hurt.

Charles Martin: All of the experts thought that Kentucky would win easily. They, in fact, thought that the semi-final game between University of Kentucky and Duke University, two all-White teams, would be actually the real championship game. And then the final game the next night would be just an afterthought. The prevailing belief at the time, anyway among Whites, certainly not among African Americans, is that African American athletes were individually very talented, but they lacked the discipline and that they could be successful if they were surrounded by White players. But if you had an entire Black team that they would not have the discipline and the basketball IQ to supplant their natural athleticism in order to win. And that's why the Texas Western victory is so interesting in that it showed that African Americans could play organised, disciplined basketball and defense and play at an intellectually sophisticated level. Texas Western took the early lead, they maintained the lead throughout the game and they upset the University of Kentucky in what I would say was probably the most socially significant college basketball game ever.

Nija Dalal-Small: The final score was 72–65 to Texas Western.

Source: BBC: "Black Basketball Pioneers – Texas Western" (10. 06. 2020), https://www.bbc.co.uk/sounds/play/w3cszmrq

TIPP

From its title, you will already know that the listening text is about basketball. The tasks will give you further helpful background knowledge: ethnicity and skin colour seem to be significant in the text as well. Study the tasks before the first listening round to be completely focused on listening while the text is being played.

The following hints will help you to solve each individual task:

1. Here you are asked to write about the "[l]ong-term significance" of the basketball game that is the subject of the interview. In other words, you have to describe why it was special or important. In line 2, the basketball game is named under the category "key moments in Black American history". The reason why it is such a key moment follows shortly thereafter in lines 4 and 5. You can also answer that question from a more general viewpoint and take the whole text into account: What happened in the National College Basketball Championship final in 1966 for the first time?
2. Listen for the name "Charles Martin", which is first mentioned in line 8. Directly afterwards, Mr. Martin's profession is mentioned.
3. When Charles Martin talks about the championship final, he calls it "an unusual contrast" (ll. 12/13). In his following statement (cf. ll. 13–19), you will find all the relevant information to compare the two teams and to fill in the table.

4 The gap text in task 4 also asks for a contrast. This can be deducted from the gap sentence's structure: "While …, they still …". So, listen closely to the explanation of what had changed in the 1960s and what had not (cf. ll. 22/23).

5 Nevil Shed gives his own account of the game in lines 28 to 37. Focus on the parts where he speaks about his teammate David Lattin (cf. ll. 28–31), about difficulties (cf. ll. 33/34, 36/37) and about Coach Haskins's answer to these difficulties (cf. ll. 35/36).

6 This task's assignment is repeated in almost exactly the same words in the text, when Charles Martin mentions what "[a]ll of the experts thought" (l. 38).

7 Task 7 asks about "White prejudice" and the "supposed weaknesses" the Black players had. So, you should mention only negative assessments in your answer. You will find several possible aspects in lines 43 to 49.

8 For multiple choice tasks such as task 8, excluding wrong answer options can often be as helpful as finding the correct solution right away. The second answer option is contradicted by the description that "Texas Western took the early lead [and] maintained the lead throughout the game" (ll. 49/50). The last answer option is similarly easy to discard: earlier in the text, in Nevil Shed's statement, the audience is described as all-White (cf. l. 33) and as rather hostile towards the Texas Western College Team (cf. ll. 34–37). So, this cannot be the correct answer either. You might be tempted to choose the answer option that the Texas Western College Team "punished their opponents' overbearing arrogance", but the text never describes the University of Kentucky Team as arrogant. It is rather the experts or the audience who did not believe in Texas's chances to win the game. This leaves only the first answer option, which summarises the text best: Both individual skills, such as David Lattin's (cf. ll. 28–32), and the fact that the team "could play organised, disciplined basketball and defense and play at an intellectually sophisticated level" (ll. 48/49) were important for the Texas Western College's success.

1 breaking the colour barrier (in US basketball)/first final played/won by an all-Black team

2 professor of history/sports historian

3

	University of Kentucky	**Texas Western College**
coach's previous record	**(most) successful (coach)**	**obscure/unknown/inexperienced/blank page/had not coached at other colleges**
ethnicity of starting 5	**all-White**	**all-Black/African American**

4 While in the 1960s it became more and more common for black and white students to **study together (in classrooms)**, they still largely played **in segregated/in their own/in ethnically divided sports teams**.

5	**Nevil Shed's account of the game.**	
	reaction to David Lattin's spectacular move at the beginning of the match:	**Kentucky knew it was not going to be an easy game/Kentucky was intimidated/it silenced the crowd/the crowd went silent**
	reason Nevil gets distracted:	**was (racially) insulted/heard "Black trash"/(racial) slurs**
	coach's command:	**to stay focused (on the game)**

6 Kentucky would win easily

7 *zwei aus:*

- lack of discipline
- low/poor basketball IQ/could not play at intellectually sophisticated level
- poor defensive skills
- could only be successful if surrounded by White players

8 ☑ They combined individual skills and team tactics.

Transcript 2 Monopoly

Louise Hidalgo: Today, we go back to the secret history of one of the world's most popular board games, Monopoly. It's been played by generations of children, parents and grandparents in more than 100 countries around the world. But it wasn't until the 1970s, 40 years after Parker Brothers first began marketing it, that an economics professor from San Francisco, called Ralph Ansbach, uncovered the story of Monopoly and where it had come from.

Mary Pilon: To me, it's indisputable that we would not know about the history of Monopoly without Ralph Ansbach.

Louise Hidalgo: Journalist Mary Pilon was working at the *Wall Street Journal* when she first came across Ralph Ansbach.

Mary Pilon: I was going to mention in passing, "Blah blah blah, Monopoly was invented during the Great Depression", and I looked and I looked and there were conflicting stories, things that were inconsistent and I felt like an idiot. So I reached out on a whim to Ralph Ansbach, who I'd seen had been involved in litigation with Parker Brothers decades ago. And I contacted him and he said, "Oh yeah, I know all about the history of Monopoly. It was not invented by a man during the Great Depression. It was invented by a woman, you know, at the turn of the century."

Louise Hidalgo: For years, the official story had been that Monopoly had been invented in the early 30s by an out-of-work salesman from Pennsylvania called Charles Darrow. But as Ralph Ansbach later uncovered, that wasn't the whole story or the true story. Ralph's today in his 90s and lives in New Zealand.

Ralph Ansbach: Well, I discovered that actually Monopoly had been invented by a lady who invented games, Lizzy Magie.

Louise Hidalgo: Lizzy Magie was an early feminist, originally from Illinois, who, as well as being an inventor, was a writer, reporter and at one point an actress. And in 1904, she took out a patent for what she called "The Landlord's Game".

Ralph Ansbach: She had a mission to teach people about the evil of land ownership.

Louise Hidalgo: And this is a 1904 specification for "The Landlord's Game".

Old specification: The object of the game is to obtain as much wealth or money as possible.

Louise Hidalgo: She actually developed two sets of rules, didn't she? This one close to the Monopoly we play today and an Anti-Monopoly's one because, as Ralph said, for Lizzy Magie, it wasn't just a game. It was a way of spreading the word, wasn't it, about what she saw as the evils of monopolies?

Mary Pilon: Exactly. Corporate monopolies, you know, trustbusting. This was a very hot topic in the era. And she's really interested in land and how it's used and taxed. She's very interested in railroads, which were, of course, a huge political talking point in terms of monopolies.

Louise Hidalgo: In 1924, Lizzy Magie took out a second patent for a revised version of the game. She didn't market it or make the boards as years later Parker Brothers would. But the idea spread like wildfire.

Mary Pilon: The game kind of goes viral in the way that things would have gone viral long before the Internet. And given her social circle, it's not surprising that it spreads among, like, a who's who of left-wing America.

Louise Hidalgo: It began to be referred to as Monopoly. And as it passed from family to family and town to town, it got changed and localised. It was the Quakers of Atlantic City, for example, who introduced fixed prices for the property and the street names that are still used in the American version of the game. And it was in Atlantic City, wasn't it, that the couple who would go on to introduce Monopoly to the man who'd be credited with inventing it, Charles Darrow?

Mary Pilon: Yes. So one of the big moments in Ralph's lawsuit was finding Charles and Olive Todd.

Louise Hidalgo: Years later, Charles Todd would testify in Ralph Ansbach's case …

Mary Pilon: Yes.

Louise Hidalgo: … about what had happened and Charles Darrow by that time had died. What did Todd say?

Mary Pilon: Charles Todd talks about teaching him the game and then Darrow, you know, later saying, "Hey, can you have your secretary type up the rules?". And Todd thinks this is strange because, you know, imagine if somebody came to your house and played checkers or a game that had been around a long time. But he nevertheless does it. And then the next thing he knows, he sees Darrow mass-marketing this game and claiming he invented it. And Todd was very upset with this.

He said he felt very betrayed by what Darrow had done. You know, you could hear this intensity in his voice that he was, he was angry with it.

Louise Hidalgo: In fact, when the Todds did what Darrow asked and wrote out the rules for the game, they accidentally misspelt one of the street names. Marven Gardens in Atlantic City is in fact spelt with an EN, not an IN as it is still spelt on American Monopoly boards. And Lizzy Magie, well, when she found out in 1935 that not only was her game being sold without her permission, but was said to have been invented by someone else, Mary Pilon says, she was understandably furious. She wrote to Parker Brothers who'd bought the Monopoly game from Darrow, and they agreed to give her 500 dollars for her patent, didn't they? And Lizzy Magie then sort of disappears, doesn't she?

Mary Pilon: Yes.

Louise Hidalgo: Until the 70s, when Ralph Ansbach brings out his game called Anti-Monopoly and Parker Brothers sue him for using the Monopoly name. Ralph Ansbach eventually won the right to sell his Anti-Monopoly game after an almost ten-year legal battle.

Source: BBC: "The Secret History of Monopoly" (25. 12. 2019), https://www.bbc.co.uk/sounds/play/w3csyx59

TIPP

Knowing that Monopoly is a board game about acquiring as much property as possible is not a prerequisite, yet it might help you to be prepared for the listening text and solve the tasks successfully.

The following hints may also help you:

1 You are supposed to give evidence for Monopoly's popularity. In other words, you have to say what it is that shows the popularity of the game. Two different aspects are mentioned in lines 2 and 3.

2 You have to listen closely at the end of Louise Hidalgo's introductory statement. Ralph Ansbach and what he did in the 1970s is mentioned then (cf. ll. 4–6). However, you have to pay attention to the details: while Ansbach "uncovered the story of Monopoly" (ll. 5/6), that does not necessarily mean that he also put it forward, i. e. publicised it.

3 Once more, be careful not to be distracted by the mentioning of the *"Wall Street Journal"* in connection with Mary Pilon (cf. ll. 9/10). Take into account everything Mary Pilon says (cf. ll. 11–17) to find the correct solution.

4 Normally, the tasks follow the information in the text chronologically. For the table in task 4, however, you have to listen for the information given for the early 1930s first (cf. ll. 18–20). What happened at the turn of the century as well as in 1924 follows only later in the text (cf. ll. 26, 39/40). While waiting for the latter part of the information, you should also keep an ear out for aspects relevant for task 5.

5 Lizzy Magie's political leanings already become apparent in line 27. Lines 43 and 44 deal with "her social circle" again.
6 What the "Quakers in Atlantic City" did for the game is mentioned in lines 46 to 48. Listen closely in order to get it right and not be distracted by the mere mentioning of key words, such as "fixed property prices" and "street names". Both terms are mentioned in the interview, but only one answer option is correct in its entirety.
7 Charles Todd is first mentioned in lines 51 and 52.
8 Once more, do not be misled by the mere mentioning of key words, but try to get the wider picture about what Charles Darrow did (cf. line 50, where Darrow's name is mentioned, to line 64).
9 In Louise Hidalgo's final statement (cf. ll. 75–78), the names "Anti-Monopoly", "Parker Brothers" and "Ralph Ansbach" all come up. Listen closely to establish the logical links between those names.

1
- played in more than 100 countries
- played for generations/by people of all ages

2 ☑ taught economics in San Francisco.

3 ☑ contacted Ralph Ansbach about Monopoly.

4

Time	Event
at the turn of the century	Lizzy Magie invented the game/"The Landlord's Game"/ Lizzy Magie's first patent
1924	Lizzy Magie's second patent
early 1930s	Monopoly was allegedly invented/said to have been invented (by Charles Darrow)

5 ☑ saw left-wing people attracted to the game.

6 ☑ came up with street names that still exist today.

7 ☑ provided a written version of the rules.

8 ☑ widely promoted sales of the game.

9 ☑ was the reason for Ralph Ansbach's legal issues.

TEXTAUFGABE

Text 1 **Reflecting on When Colin Kaepernick First Took a Knee**

Text comprehension and analysis

1 **TIPP**

For this task, it is necessary to scan the text for the relevant information. There are three aspects that need to be treated individually: Kaepernick's motivation for his protest, the people's reaction to it and Kaepernick's "own experiences". While the first two aspects are fairly straightforward, it is not entirely clear what is meant with "his own experiences". It probably alludes to him meeting anger and incomprehension as a result of his protest. However, you may also be tempted to describe his overall experiences as a person of Colour in the US, which eventually led to his protest. Yet, as the latter are not presented from Kaepernick's perspective, but from Andrew Hawkins's, stay close to the text and refer to how the protagonist experienced the situation.

You can structure your solution in the following way:
introduction
main part:

- **Kaepernick's motivation:**
  - to follow in the footsteps of Civil Rights Movement's leaders (cf. ll. 46–48, 52–56)
  - not to criticise US army, flag or anthem themselves (cf. ll. 59–61)
  - to draw attention to the unjust treatment of people of Colour in the US (cf. ll. 62–66)
- **the public's reaction:**
  - spectators "boycotted" NFL, drop in TV ratings (cf. ll. 49–51)
  - outrage and hostility towards Kaepernick (cf. ll. 69–74)
  - misunderstanding Kaepernick's true motivation (cf. ll. 75–84)
- **Kaepernick's experience:**
  - had to play with the audience against him (cf. ll. 69–74)
  - repeated attempts to explain his true motivations (cf. ll. 82–84)
  - inability to get signed by an NFL team (too controversial a figure) (cf. ll. 85/86)

In the article "Reflecting on When Colin Kaepernick First Took a Knee", published in the *Toronto Sun* in September 2020, John Kryk discusses Kaepernick's motivation for his protest action of not standing during the national anthem of the USA. He also describes the public's reaction and how the athlete was treated as a result of his activism. **introduction**

In August 2016, Kaepernick first knelt while the "Star-Spangled Banner" was being played before a professional American Football match (cf. ll. 1–3). He was well aware of the public attention this would draw (cf. ll. 57/58). He wanted to use this attention to raise concern for the obvious contradiction between celebrating American values, which is embodied by the flag as well as the anthem, and the fact that these values do not necessarily apply to all Americans (cf. ll. 62–65). His protest was particularly aimed at the police and the criminal justice system (cf. l. 66), which disproportionately target people of Colour. He saw himself in ideological agreement with Civil Rights activists, such as Martin Luther King (cf. ll. 46–48) or John Lewis (cf. ll. 53–56), who also believed that provocative action was necessary if words failed. At no point did Kaepernick intend to campaign against the country's flag, its armed forces or its anthem as such (cf. ll. 60/61).

main part: Kaepernick's motivation

However, his initiative was received completely differently from what he had intended. The author of the text reports scenes from an NFL game in October 2016 in Buffalo where Kaepernick was booed and verbally abused by spectators (cf. ll. 69–71), who considered his demonstration before kickoff unpatriotic (cf. ll. 72–74). The mostly male White spectators' disagreement with Kaepernick's behaviour was even blamed for a decline in TV ratings for NFL games (cf. ll. 50/51).

the public's reaction

For Kaepernick, the reaction of the NFL fans meant that he had to endure playing in stadiums with large parts of the audiences against him (cf. ll. 69–74). He had to stress over and over the actual message he was trying to convey (cf. ll. 59–61, 82–84). According to Kryk, Kaepernick's activism eventually even lost him the position in his football team and thus his job (cf. l. 85). He has not been signed by any professional NFL team since, as he is apparently deemed too controversial (cf. ll. 85/86).

Kaepernick's experience

2 **TIPP**

If you have to analyse an author's attitude towards their subject, you should first of all form your own hypothesis after reading the whole article and pondering its effect on you. With the task at hand, you can figure out that John Kryk supports and admires Colin Kaepernick's protest. However, it is not enough to simply state your opinion. As the assignment tells you, you should take into account the author's line of argumentation and use of language to prove your point. So, it might be helpful to subdivide the text into paragraphs, which follow a certain line of argumentation. These structural aspects should be underpinned with especially striking examples of rhetorical devices or figures of speech.

You could structure your solution (and the article) like this:
introduction: own hypothesis as to author's attitude
analysis:
- **justification of Kaepernick's protest** (cf. ll. 1–16):
  - quiet beginning of a much larger movement (cf. ll. 1–9)
  - current well-known examples of racial injustice (cf. ll. 10–16)
- **personal example of American racism** (cf. ll. 17–37):
  - Andrew Hawkins's emotional account (cf. ll. 17–34)
  - rhetorical question to underline the differences of experiences (cf. ll. 35–37)
- **support for Kaepernick's form of protest** (cf. ll. 38–66):
  - action is necessary, but not violence (also according to famous leaders of the Civil Rights Movement) (cf. ll. 38–56)
  - what Kaepernick is trying to criticise (and what he is not) (cf. ll. 57–66)
- **first-person account of NFL match and the public's reaction** (cf. ll. 67–86):
  - Kaepernick's dignity vs. the public's outrageous behaviour (cf. ll. 67–84)
  - criticism of the sporting world that is unable to handle athletes who express a controversial political position (cf. ll. 85/86)

summary: support of Kaepernick's actions especially obvious through also talking about opponents' attitudes

introduction

John Kryk strongly supports Colin Kaepernick's refusal to stand during the national anthem in order to protest against injustice and police violence towards people of Colour. The author's attitude becomes obvious both in his line of argumentation and his use of language.

analysis: justification of Kaepernick's protest: quiet beginning of much larger movement

Kryk begins his article by stating that the world has changed since Colin Kaepernick started his kneeling protest in 2016 (cf. ll. 1/2). He adds that the athlete's action has now been understood (cf. ll. 7/8). By further describing the contrast between Kaepernick's quiet beginnings (cf. ll. 4/5) and "the sweeping social-justice movement" (ll. 4/5) that has developed in the meantime, Kryk hails the athlete as a "bold, visionary" (l. 6) figure ahead of his time.

current well-known examples of racial injustice

More than that, the recent deaths of a number of Black Americans at the hands of police officers underline the necessity and legitimacy of protesting against racism in the police force. Enumerations are employed to emphasise the dimension of the "issues of racial inequality, racial justice reform and police brutality" (ll. 14/15). Calling the victims George Floyd, Breonna Taylor and Jacob Blake by their names (cf. ll. 11/12) gives the problem of structural racism a personal angle.

Another personal story, namely that of Andrew Hawkins, who is also a Black American football player, is quoted to render credibility to the notion of lethal racism in the US. Hawkins explains the need of cautioning your own children to act defensively and thus avoid being killed by the police (cf. ll. 29–34). The emotional trauma triggered by experiencing racism is vividly shown when Kryk describes how Hawkins "started to cry, and needed a moment before continuing" (l. 30) his personal account. That these depressing circumstances even affect a professional athlete of a certain social standing is stressed by Hawkins's metaphorical statement that "you cannot outrun racism" (l. 21). Racial discrimination remains a sad reality for people of Colour, no matter their position in society.

personal example of American racism: Andrew Hawkins's emotional account

Kryk continues by asking the rhetorical question of whether White parents would even think of taking preventative measures to stop their children from making a negative impression on the police (cf. ll. 35/36). In his succinct answer, "Exactly" (l. 37), he stresses how self-evident it should be that the realities of life are hugely disparate for different races in the US.

rhetorical question to underline the differences of experiences

Having thus established the validity of the cause, Kryk argues how important it is to act, using the elliptical "Actions do [change the situation]" (l. 39). He next supports Kaepernick's kneeling by establishing it as an appropriate form of civil resistance quoting Civil Rights leaders Martin Luther King (cf. ll. 47/48) and John Lewis (cf. ll. 55/56). The author's support for Kaepernick's form of resistance becomes apparent too when he contrasts it to other distinctly violent and destructive methods of revolt (cf. ll. 43–45), which he strongly objects to (cf. ll. 44/45). Both the Civil Rights Movement's and Kaepernick's actions are subsumed under the catchphrase of "good trouble, necessary trouble" (l. 55). This expression seems illogical at a superficial glance, but stirring up attention without becoming guilty of violence or abusive behaviour is exactly what Kryk seems to applaud.

support for Kaepernick's form of protest: action is necessary, but not violence

He underlines this view by mentioning an array of patriotic institutions or symbols, such as the armed forces, the US flag and the US anthem (cf. l. 60) as well as the "revered" Declaration of Independence, the US Constitution or even country music (cf. ll. 62–64), which are not at all challenged by Kaepernick. On the contrary, he wants to give full meaning to them and "redeem the soul of America" (ll. 55/56) by campaigning for equality for all Americans. Calling the sportsman "Kap" (ll. 49, 53, 62) in this section of the article, the author gives the impression of being very familiar with the player, depicting him as a friend whose ideals he shares.

what Kaepernick is trying to criticise (and what he is not)

Kryk ends his article with a first-person account of a football match, in which Kaepernick played after having become a symbolic figure of protest (cf. ll. 67–84). During that match, Kaepernick "was booed, sworn at, yelled at and more" (ll. 69/70). The author finds that behaviour disgusting, which he makes clear by choosing to not directly quote the slogans some fans were wearing on their T-shirts as "not fit for a family readership" (l. 71). Furthermore, the contrast of Kaepernick's patience explaining his motivation (cf. ll. 82–84) with the brutality of his sport (cf. l. 82) and its supporters (cf. ll. 69–71) stresses the dignity of the athlete's campaign.

first-person account of NFL match and the public's reaction: Kaepernick's dignity vs. the public's outrageous behaviour

His team's final act of metaphorically getting rid of an unnecessary burden by "cut[ting] him loose" (l. 85) makes Kaepernick appear as a tragic figure in a sporting environment not ready for the progress he was trying to advocate. The fact that Kryk sees the NFL's role critically has already been hinted at before, when he talks of their "coveted TV ratings" (ll. 50/51), thereby presenting the league as greedy for money and lacking any moral conscience.

criticism of the sporting world

Throughout the article Kryk's support for Kaepernick's accomplishments is apparent. By repeatedly mentioning that many Americans did indeed feel offended by his form of protest, he only accentuates the athlete's thoughtful provocation as well as his bravery to get his message across despite predictable resistance.

summary

Composition

1 **TIPP**

When you are asked whether you agree with a given statement, you are free to wholeheartedly agree or disagree, or write a balanced text. In any case, you should give at least two convincing arguments as to why you agree, disagree or are not entirely sure. Concrete examples make any point more convincing. So, you can mention a wide array of people who have stood up for their convictions, for instance sportsmen, such as Colin Kaepernick or the English football players during the Euro 2020, Sophie Scholl or Nelson Mandela. However, as this list of people shows, it might make sense to make a distinction between different levels of courage and the risks connected with them.

The following structure has been used in the sample answer:
(optional) heading
introduction: current examples of sportsmen showing their conviction against racism
main part: risk-taking for convictions admirable, but not everyone can be expected to put their lives/freedom at stake

- **specification:** distinction between different levels of courage and the risks connected with them
- **argument in favour of quote:** conscience can be more important than short-term comfort
- **argument against the quote:** not everybody can be a hero/heroine

conclusion: little good deeds rather than heroism might be realistic

Get up, stand up!

heading

During the Euro 2020, the English national football team took a knee ahead of their matches to show their opposition against racism. They followed the example of numerous athletes around the world and were inspired by Colin Kaepernick, who began this form of protest in 2016. Their kneeling protest seems like a truly inspirational act by people who are seen as role models by many. It suggests that we should all stand up for our convictions, even if uncomfortable consequences might follow.

introduction: current examples of sportsmen showing their conviction against racism

These uncomfortable consequences became true for NFL quarterback Kaepernick, who has not played a single professional match since 2016, because he was deemed too controversial. To a lesser extent, they also apply to the English football players, who were met with anger and incomprehension by a part of their supporters. Still, very little seems to be at stake for these sportsmen when you compare them to people who jeopardised as much as their lives to stand up for their principles. Sophie Scholl, who was killed by the Nazis for her opposition against their murderous regime, or Nelson Mandela, who spent more than 20 years in prison for his struggle against apartheid in South Africa, are examples of genuine courage under extreme pressure.

main part: specification: distinction between different levels of courage and the risks connected with them

While Colin Kaepernick or the English footballers might be called inspirational because they want to make the world a better place and do not shy away from criticism, Sophie Scholl and Nelson Mandela even deserve to be called truly heroic. They chose to fight for what they believed in. They knew what was at stake. Still, they did not back down and saw no possibility to live against their convictions even if it would have been easier or safer in the short term. This makes their achievements all the more valuable and that is why they are hailed as exemplary role models.

argument in favour of the quote: conscience more important than short-term comfort

I do think that we rightly admire them and they deserve all the praise they get. Still, everyone has to make the choice for heroism individually. It is easy to say that one should stand up for their convictions in the comfort of living in a western democracy in which human rights are guaranteed by constitutions and their trusted institutions.

argument against the quote: not everybody is a hero/heroine

Therefore, we should not easily judge people for their lack of heroism nor demand sacrifices from others if we were not around in fascist Germany in the 1940s, in apartheid South Africa in the 1960s or indeed in present-day Belorussia or China.

In conclusion, I would agree that the world would be in a worse state than it is without individual courage and sacrifice. Yet, when it comes to questions of life and death or personal freedom, we cannot expect everyone to follow the example of Scholl, Mandela and their successors in spirit, no matter how desirable that would be. Maybe it must suffice to say that we cannot all be heroic, but little good deeds and small courageous acts will surely bring us a great deal ahead.

conclusion: little good deeds rather than heroism

2 **TIPP**

To be able to comment on a statement, it is necessary to fully understand it. So, coming to terms with what Franklin was implying is a first important step: People who suffer injustice are understandably outraged. Yet, what Franklin tries to say is that systematic injustice can only be stopped by a majority of people who are not affected. They need to stand up for the victims of discrimination. Once you have broken down the quotation like this, you can comment on it by finding arguments for or against its truthfulness.

The following structure has been used in the sample answer:
(**optional**) **heading**
introduction: examples of systemic injustice in Germany
main part: agreement with Franklin's quote
- **first argument:** large numbers of people more influential
- **second argument:** injustice does concern everyone

conclusion: summary of why Franklin is right

No justice, no peace!

heading

If you ask different people how just and equal our society is, you will probably get hugely divergent answers, depending on the person you are talking to: If you ask a White, heterosexual man with a decently-paid job, he might have little to complain about. Many members of minority groups, however, will paint a different picture for you. Trying to find a flat in Munich can be challenging if your name is Husseini or Traoré. The same goes for trying to go to work by public transport if you are in a wheelchair. This shows that there are still some battles to be fought before everyone can claim the equal rights guaranteed by our constitution.

introduction: examples of systemic injustice in Germany

There are obviously citizens' groups fighting for the rights of minorities, but they tend to all have one weakness: they are considered special interest groups by the majority of society. As long as only

main part:
first argument: large numbers of people more influential

Black Germans stand up for the rights of Black Germans or only people with disability fight for accessibility for all, there is little muscle behind their political movement. Only if a political issue is considered of universal significance, there is a chance for change.

What is more, do Black Germans' rights really only concern Black Germans? I would rather say that equal rights are a question of justice and of the kind of society we want to live in. If we are fully behind a free and just country, we cannot leave the struggle for minorities' rights to the few concerned. It is in all of our interest that everyone is taken into consideration as much as possible because only equal rights for all will create a more peaceful society, which is an advantage for all of us.

second argument: injustice does concern everyone

To conclude, Benjamin Franklin was right, when he laid down that "Justice will not be served until those that are unaffected are as outraged as those who are." If we have a long-term interest in living in a truly free and equal society, we should demand justice for everyone, even if certain negative developments do not seem to affect us in the present moment.

conclusion: summary of why Franklin is right

3 **TIPP**

For this task, some background knowledge is necessary to be able to decipher the numerous references in the cartoon. Some of this information, e. g. on "taking a knee", is provided in the text you dealt with in the exam part "Text comprehension and analysis". However, if you have no idea what the statement "8 minutes and 46 seconds" refers to, you can only guess that it belongs in the context of police violence. Actually, this is the originally reported timespan, during which a police officer knelt on George Floyd's neck, eventually killing him. In addition, there is a grammatical phenomenon (the usage of the definite article) that needs explaining, which makes the analysis of this picture a little more complex.

A possible structure for your essay could be:

description:

- African American man and boy kneeling and talking about "the White man hav[ing] his knee on the neck of the Black man"
- inscriptions on their T-shirts

analysis:

- references to Colin Kaepernick and George Floyd
- usage of the definite article ("the White / Black man") as generalisations

comment on the cartoon's message:

- Black Americans have indeed been oppressed for the last 400 years
- George Floyd's killing is just one very drastic example of widespread racism

John Darkow's cartoon about the never-ending racism in America shows two African Americans, a man and a boy, who are kneeling on the ground. The boy is wearing a No. 7 football jersey, the man a T-shirt saying "I can't ...". They are talking to each other, the boy asking how long the White man had his knee on the Black man's neck, suggesting 8 minutes and 46 seconds as the answer, while the man responds, "More like 400 years, son!"

description

Taking a knee is a form of anti-racist protest started by NFL quarterback Colin Kaepernick in 2016. The football player decided not to stand while the national anthem was being played before kickoff to express his opposition to police violence against Black Americans. He used to wear a No. 7 jersey, like the boy in the cartoon. The print "I can't breathe", only partly visible on his father's garment, is another reference to the anti-racist movement in the US. It is a sentence George Floyd uttered while a White policeman knelt on his neck, which eventually killed Floyd.

analysis: references to Colin Kaepernick and George Floyd

Furthermore, the cartoonist plays with the ambiguity of the definite article in English. When the boy asks how long "the White man" had his knee on "the neck of the Black man", he refers to George Floyd and the officer suffocating him. Yet, "the White man" and "the Black man" could also be generalisations signifying any White or Black person. Thus, the answer of the boy's father implies that White people have metaphorically had their knees on their Black compatriots' necks since the 17th century. In other words, White people have oppressed Black people for 400 years.

usage of the definite article as generalisation

White supremacy has been an integral part of US history since the days of the country's foundation, when the founding fathers failed to see an inconsistency between owning slaves and passing the Bill of Rights. White America has had the African American population in a stranglehold since those days. While it is true that the USA has come a long way from the days of slavery and segregation to the Civil Rights Movement's successes and President Barack Obama, there is still a lot of more or less open racism in the country. It becomes most obvious in the excessive violence the police use against Black people. Thus, the caricaturist is completely right to put the murder of George Floyd in a historical context. It has not been a single tragic accident, but one of countless racist atrocities that Black Americans have had to endure for the last 400 years.

comment on the cartoon's message: agreement that racism against African Americans is a widespread and old problem

Text 2 The Sun Temple

Text comprehension and analysis

1 **TIPP**

Although not all members of the Das family are characterised in detail, you have to describe the parents as well as their children. For a thorough characterisation, you need to use all the explicit information you can find in the text, for instance as to the outward appearance, age or conduct of the people to be characterised. Equally important is that you read between the lines and infer character traits or attitudes from people's behaviour and words. So, this task requires more than a summary of the information from the text. You also need to interpret some of your findings. Keep in mind that you need to put special emphasis on Mr. and Mrs. Das's response to Indian culture.

The following points may come up in your answer:
- **Mr. and Mrs. Das** (outward and "inner" characterisation):
  - youth (cf. l. 7)
  - Indian origin (cf. l. 9), but "[b]orn and raised" in America (cf. ll. 33/34)
  - Mr. Das's voice which underlines his youth and insecurity (cf. ll. 23–25)
  - Mrs. Das's lack of interest (cf. ll. 17/18, 48, 56/57)
- **the Das children** and their education:
  - Tina, Bobby and Ronny (cf. ll. 7–9)
  - children not very obedient, parents not strict (cf. ll. 5, 26–30)
  - "modern" style of education (cf. ll. 38–40)
- the Das' **reaction to Indian culture:**
  - "Americanised" clothes and manners (cf. ll. 9/10, 15–18, 26, 36, 78)
  - Mrs. Das's lack of interest in Indian culture (cf. ll. 48, 56–58) and romanticised view of the country (cf. ll. 49/50, 72–77)
  - Mr. Das's insensitivity (cf. ll. 52–56) and lack of interest (cf. ll. 22/23)
  - unawareness of the multitude of Indian languages (cf. ll. 22/23, 41–45, 49/50, 66–70)

conclusion: Das family no longer connected to India

Mr. and Mrs. Das

There are five members in the Das family. Mr. and Mrs. Das are young American parents of Indian origin (cf. ll. 7, 9, 33/34). Their "tanned, youthful faces" (l. 14) stand out among those of other English-speaking tourists and make them appear to be thoroughly Indian. Mr. Das's voice, which is rather "tentative and a little shrill" (l. 24) adds to the impression of his still being quite young and maybe insecure. Mrs. Das is not described in great detail: she seems to be slightly bored by the family's trip to the Sun Temple and shows neither any interest in their guide, whom she just about acknowledges (cf. ll. 17/18), nor in their tour, which she is unenthusiastic about (cf. ll. 48, 56/57).

the Das children

Mr. and Mrs. Das have three children: a little girl called Tina (cf. ll. 5, 7) and two boys named Ronny and Bobby who are "very close in age" (l. 8). When Tina is first mentioned, it is said that her complaints interrupt the family's drive to the Sun Temple (cf. ll. 3–5). Ronny is not very obedient either ignoring his father's instructions of not touching a goat, which is standing by the roadside (cf. ll. 20–22, 26). Bobby equally ignores his father by refusing to check on what his brother is doing (cf. ll. 28–30). The boys' behaviour reflects badly on Mr. Das's parental authority in a situation where he should have intervened. Referring to his wife as Mina when talking to his daughter (cf. ll. 38–40) could be read as another indication of a rather modern, not very authoritative style of education.

reaction to Indian culture: "Americanised" appearance

At the time of the story, the family are visiting the couple's parents who spend their retirement in India. These visits occur more or less regularly every few years (cf. ll. 34/35). The Das' reaction to Indian culture is that of stereotypical American tourists. Not only is their outward appearance that of westerners (cf. ll. 9/10, 36), but they also lack cultural awareness. Instead of responding in kind to their guide Mr. Kapasi's customary greeting, Mr. Das firmly clasps the man's hand and Mrs. Das gives him a lopsided smile (cf. ll. 15–18). Furthermore, their repeated offers of chewing gum make them appear stereotypically American (cf. ll. 26, 78).

Mrs. Das's lack of interest and romanticised views

Mrs. Das's absence of interest in Indian culture is obvious. She gives "an impatient sigh" (l. 48) when told the length of their outing and gazes at the sky instead of their surroundings (cf. ll. 56–58) when they stop. She travels with a film magazine in her hands (cf. ll. 49/50) and seems to have a romanticised view of India that lacks any real foundation (cf. ll. 72–77).

Mr. Das's insensitivity and lack of interest

Mr. Das shows little politeness towards or consideration for the locals. On seeing a malnourished man on a cart, he impudently takes a picture of him (cf. ll. 52–56). The rest of his time is devoted to the study of his guidebook "published abroad" (l. 23) on which he relies for information instead of getting it first-hand from Mr. Kapasi.

unawareness of the multitude of Indian languages

This tourist guidebook as well as Mrs. Das's English film magazine (cf. ll. 49/50) are further hints at the Das' aloofness from India. Not only does Mrs. Das not understand "a phrase from a Hindi love song" that a stallkeeper sings to her (cf. ll. 41–45), but Mr. Das is also genuinely surprised at learning of the necessity to interpret between people of different Indian language groups (cf. ll. 66–70).

conclusion

In conclusion, one can say that although the Das look Indian, they no longer relate to the country. Instead, they wholeheartedly identify with American culture.

2 **TIPP**

You can start your answer with an analysis of the narrative perspective. In the next step, examine Mr. and Mrs. Das's dealings with Mr. Kapasi separately in different paragraphs. Thus, your text will be clearly structured.

The following points may come up in your answer:

- **narrative perspective:** third-person narrator with limited point of view (Mr. Kapasi's)
- **interaction between Mr. Das and Mr. Kapasi:** Mr. Kapasi's politeness (cf. ll. 31, 59/60) vs. Mr. Das's arrogance and lack of tact (cf. ll. 33/34, 51–53, 64–66)
- **interaction between Mrs. Das and Mr. Kapasi:** development from lack of interest on Mrs. Das's part (cf. ll. 17/18, 48–50, 56–58) to romantic fantasies (cf. ll. 72–78)

conclusion: imbalance between the three characters

narrative perspective

The story is told by a third-person narrator with a limited point of view. The America-born characters are seen through their Indian guide's eyes. Thereby, the reader follows Mr. Kapasi's gradual insight into the Das' background (cf. ll. 9, 31) and emotionally sides with him. Thus, the driver's astonishment and slight annoyance with the family's behaviour and their obvious disregard for him as well as for the beauty of the sights he is supposed to introduce them to are easily understandable.

interaction between Mr. Das and Mr. Kapasi

It is only due to Mr. Kapasi's tact and consideration that any interaction between himself and the couple takes place at all. He initiates the conversation with Mr. Das trying to make polite small talk by asking the young man about his childhood (cf. l. 31). Mr. Das's reaction to Mr. Kapasi assuming him and his wife to be born in India is almost boastful when he asserts with "sudden confidence" (l. 34) that they were born in America. When their conversation resumes later and Mr. Das suggests that being a tour guide must be rather boring only to interrupt this line of thought with a sudden request for a photo-stop (cf. ll. 51–53), this can be read as a sign of Mr. Das's impoliteness and his lack of interest in the driver's answer. Mr. Kapasi patiently complies with his client's wish and picks up the thread of their conversation afterwards. He states politely that taking tourists to see the Sun Temple, "one of [his] favorite places" (l. 60), is no hardship but a treat for him, even more so as he only works as a tour guide for two days a week. His main job is his work as an interpreter for Gujarati patients at a doctor's office where no one else speaks Gujarati (cf. ll. 61–69). Mr. Kapasi's unusual job finally piques Mr. Das's curiosity. Yet, even this interest could be interpreted as a slight insult when at first Mr. Das is incredulous at the idea that their driver could be a doctor (cf. l. 64) and then reveals his lack of knowledge about Indian culture and multilingualism (cf. l. 66). In summary, the interaction between Mr. Das and Mr. Kapasi does not evolve but remains on a rather impersonal level like between employer and employee.

interaction between Mrs. Das and Mr. Kapasi

The same cannot be said for Mrs. Das's response to the tour guide. Initially, she shows no interest in him, simply "smiling dutifully" (l. 17) when introduced to him. During the drive she veers from impatience about the length of the trip (cf. ll. 48–50) to blatant boredom (cf. ll. 56–58) lapsing into a prolonged silence (cf. l. 72). Only when Mr. Kapasi explains about his job as an interpreter does she become animated and joins in with the conversation. In her mind, translating to the doctor what his patients are saying is "so romantic" (l. 72). She even makes eye-contact (cf. ll. 72–74) and spontaneously offers Mr. Kapasi a piece of chewing gum (cf. l. 78). While she is unable to say why interpreting is romantic (cf. l. 77), when challenged by her husband to explain the statement, there is some development in the relationship between Mrs. Das and the tour guide: his unusual job has sparked an interest in the young woman and she finally seems to regard him as a person rather than a servant unworthy of her attention.

conclusion

In sum, one can say that the interaction between the three characters is not particularly vivid and does not take place on an equal footing. It is mostly initiated by a polite Mr. Kapasi and takes on a somewhat surreal quality when Mrs. Das wants to read something romantic into Mr. Kapasi's day job to satisfy her fantasies about India.

Composition

1 **TIPP**

As is often the case with compositions, you are required to state your personal opinion here. In answer to the question "Do you agree?", you can either share the stated opinion or refute it. A third possibility is to partly agree, but also to bring forward additional arguments which show that you are in two minds about the given statement or that you are not quite sure if the assertion stands in each and every situation. No matter what way you tend, support your point of view with at least two sound arguments to give weight to your opinion.
Before you start writing, it is necessary to understand the exact meaning of the given statement. In this case, you may want to check the word "vital" and you will find that it translates with "essenziell, unerlässlich, lebenswichtig" and thus goes further than merely "important". Knowing this might help you decide whether you wholeheartedly agree or disagree with the opinion expressed.

The following structure has been used in the sample answer:
(**optional**) **heading**
introduction: quotation in own words
main part: general agreement with quote, but language only one key factor
- **first argument:** first-hand impressions vs. second-hand information
- **second argument:** importance of cultural awareness in support of language skills

conclusion: stressing of right attitude towards a nation's culture

Lost in translation

heading

Some people say that an intimate knowledge of a nation's language is key to understanding its culture. While I do agree with this statement, I would see other prerequisites as at least equally important.

introduction: quotation in own words

The first glimpse you usually get of a culture different from your own is often via literature or more frequently by leafing through guidebooks or looking up texts on the Internet. Not only are these impressions just second-hand information, but they are usually given in your own language because people cannot be expected to speak the language of every country they are interested in. With literature it is widely accepted that much is lost in translation and reading between the lines to get subtle meanings becomes much harder in a non-original text. With guidebooks, it is even more obvious that a direct approach to a country's culture is difficult to achieve. Often written by non-native authors who might or might not speak the local language fluently and being printed abroad, they focus on points of interest which cater to tourists' taste but do not necessarily represent typical aspects of a country's heritage. Therefore, being able to read authentic texts and, maybe even more importantly, to personally speak to people in their own language is of enormous value to understand a certain way of life as well as people's beliefs and to clear up misconceptions.

main part: first argument: first-hand impressions vs. second-hand information

Even though first-hand communication is paramount, factors other than language contribute to cultural awareness. If you visit foreign places, it is important to observe local people in their daily surroundings going about their routines in their "normal" way without "performing" for tourists. From the way they greet each other to their method of cooking their meals and rearing their children, a lot can be learned about the soul of a nation from simply getting an authentic glimpse of everyday life. What is essential about these encounters is your own openness towards behaviours or traditions you might not already know. Only if you manage to meet differences with interest and respect will you truly be able to understand a foreign culture.

second argument: importance of cultural awareness in support of language skills

While I am convinced that speaking foreign languages is a basis for understanding foreign cultures, I would say that being curious about and being attentive to the locals' behaviour and customs plays an even more important role. Real understanding does not come from mastering as many foreign words as possible, but from truly listening to and genuinely empathising with others. This is not necessarily achieved verbally, but rather on an emotional level.

conclusion: stressing of right attitude towards a nation's culture

2 **TIPP**

When you are asked to comment on a statement, this means that you have to deal with it from your point of view. In the quote, a contrast between former times and today is mentioned. So, you might want to think about changes in recent years and point these out in your introduction or conclusion. In the main part, you could mention different areas of life where the above-mentioned changes have taken place and the world has grown closer together. Furthermore, the quote lists a number of aspects, i. e. national, cultural, and religious traditions, which you can use as a basis to find fitting examples that illustrate your stance.

You could structure your answer in the following way:
(optional) heading
introduction: reference to the quote
main part: agreement with quote
- **first argument:** globalisation/foreign trade
- **second argument:** migration/tolerance
- **third argument:** travel/avoidance of cultural misunderstandings

conclusion: growing importance of cultural awareness

It's a small world

heading

With economic globalisation, large-scale migration, and universal travelling, the world has grown closer together. So, while in former times, contact to foreign countries and their inhabitants might have been a voluntary leisure activity for a select few, being interculturally fit is now necessary for everyone. Therefore, training intercultural competence has to be prioritised, as British author Karen Armstrong points out. And who would not agree with this statement?

introduction: reference to the quote

Doing business with partners from all over the world has become a fact of life, something we all take for granted. Clothes produced in Asia, German cars assembled in various European countries or the US, fruits and vegetables imported from South America or South Africa – these are things we do not think about twice. For all those dealings, however, human contact is the basis and for everyone working in an international environment, which is true for a large part of today's workforce, it is absolutely necessary to be aware of

main part:
first argument: globalisation/international trade

local habits. Only thus can cooperation turn out satisfactory for all parties concerned. Singapore's high standards as to cleanliness definitely have to be taken into account as well as France's pride in its cultural heritage or India's religious practices. Without an intimate knowledge of and respect for national peculiarities, doing business abroad becomes a lot more difficult

It is equally important to understand and accept various traditions and values when people from abroad come to our country to live and work here or as migrants fleeing from conflicts in their native countries. In both cases, habits and religious practices that might seem strange to us must not be ignored or even wilfully disregarded. Without mutual tolerance and respect, all efforts towards integration would fail and there could be no peaceful co-existence. On the other hand, an open mind and willingness to learn from and understand each other can be enriching for both sides.

second argument: migration / tolerance

Even if you only come into contact with foreign cultures for a limited period of time when travelling abroad, awareness of the host country's culture should be a major part of every tourist's preparations before setting off. Trying to shake hands with Japanese people for whom keeping their distance is important or walking about in tight shorts and skimpy T-shirts in Arabic countries will come across as offensive, crude and impolite and might even lead to unpleasant confrontations. In contrast, really embarking on the adventure to get to know another country can make the travelling experience all the more fulfilling.

third argument: travel / avoidance of cultural misunderstandings

To put it in a nutshell, in a world which has been growing together and where geographic distances no longer hinder people from communicating, understanding and accepting various traditions is an absolute must. As Karen Armstrong rightly puts it, teaching and learning cultural awareness therefore has to become a priority for us to be prepared for the future.

conclusion: growing importance of cultural awareness

3 **TIPP**

When picking the cartoon for your composition you should always bear in mind that the interpretation of its message together with your comment on it have to make up at least two thirds of your text. So, always make sure that you get the message and can express your own view on it convincingly. The cartoon at hand requires quite an extensive background knowledge: Atlantic City is a small town in New Jersey, USA, known for its many casinos. The Taj Mahal used to be a casino there owned by former President Donald Trump, which was closed in 2016. Additionally, you might ask yourself why anyone should "lose their shirts" in a town under ordinary circumstances. Should this make you wonder, better check the word "shirt" in your dictionary and you will find the idiom "to lose one's shirt" translated as "sein ganzes Geld verlieren". Equipped with this information, you can tackle the cartoon. However, you might also come up with a satisfactory text without having such in-depth background knowledge. Then just focus on the fact that for the tourist in the cartoon, the Taj Mahal, an example of unique architectural beauty and outstanding cultural value, about which you may or may not include any historical background information, seems to be replicable. This alone is revealing as to the esteem and cultural awareness some people have towards unique experiences.

A possible structure for your essay could be:
description: tourists in front of the Taj Mahal; the caption mentions another Taj Mahal in Atlantic City
analysis: culture / unique sights seen as interchangeable mass products
comment on the cartoon's message: agreement that real worth of seeing the world is often lost because for many, comfort and what they know from home weigh more than authentic experiences

The Taj Mahal in Agra, India, erected in the 17th century as the mausoleum for his beloved wife by the then Grand Mogul, takes centre stage in the cartoon. Leading up to the imposing structure with its many columns are two straight footpaths lined with trees, which some tourists take towards the building. Their western-style clothes show them to be foreigners, possibly Americans, as the caption says what one man walking along the path is telling the other: "This is de ja [sic] vu all over again. I lost my shirt at the Taj Mahal in Atlantic City".

description: tourists in front of the Taj Mahal

What the cartoonist wants to point out seems humorous at first. However, more profound criticism of some tourists' ignorance and indifference towards the foreign cultures they encounter on their extensive travels abroad is at the root of this humour. Instead of being overawed by this magnificent building, whose touching history is well worth looking into, the man nonchalantly refers to the Taj Mahal in Atlantic City in the US which was modelled on the Indian original. That irreverent copy used to be a casino where the man obviously lost a fair amount of money. This seems to be the only fact that sticks in his mind with regard to the building. Taking into account his disinterest, he may well think that the Taj Mahal's American counterpart was there first.

analysis: unique sight seen as an interchangeable mass product

I completely agree with the cartoonist's view that quite frequently, people travel to the most exotic places without really appreciating what the area has to offer. In my opinion, people lucky enough to see the world should be revelling in the difference of a foreign culture,

comment on the cartoon's message: agreement that many tourists do not see the real worth of travelling

admiring famous beauty spots and relishing the experience of visiting unique sights. Instead, lots of tourists only want to stay at luxurious hotels which look the same wherever you go and which are preferably situated on sandy beaches. There the travellers can get a nice suntan and enjoy the food they know from home, served in an all-you-can-eat buffet style. If they ever dare to set foot outside the hotel compound, they tend to draw parallels between what they are familiar with from back home and whatever new things they experience – often with an undertone of complaint that not everything is exactly as what they are accustomed to. To me, this fact begs the question as to why these people, who do not really benefit from seeing the world in all its diversity and splendour, venture abroad at all to the detriment of their purses and the environment.

MEDIATION

TIPP

Your task is to inform international exchange students interested in visiting local sights in Bavaria about Neuschwanstein Castle on a website. Focusing on this group of addressees, you should avoid using too many specifics, which are probably only known to German readers or specialists, such as the names of Wagner's operas etc. If you do want to write about some of these culture-specific terms, do not forget to explain them. For your target audience of exchange students, your article should be written in a rather neutral, although not formal, register.

Often the assignments for mediation tasks tell you to which part(s) of the original text your mediation should be limited. In this case, most of the information is relevant. Yet, focusing on the most important points and summarising the text is sufficient. Your article should contain 250 to 300 words and not exceed 300.

First you have to find a heading, which need not be a translation of the given German one. Then write a short introduction leading to a main part that focuses on the castle's history, its special features and its appeal to the public. Round off your text with a short conclusion. The following points should come up in your solution. You can structure them as fits your context:

- **features of Neuschwanstein castle:**
  - situated in a beautiful landscape (cf. ll. 4–6), built on a rock (cf. ll. 15/16, 21/22)
  - built like a medieval castle (inspired by old Wartburg castle and Wagner's operas) (cf. ll. 18–21), rooms lavishly decorated and painted with scenes from old German legends and Wagner's operas (cf. ll. 29/30)
  - very modern features for 19th century: e. g. heating system, lift from kitchen to dining room, flushing toilets, warm water from the tap (cf. ll. 24–28)

- **historical background:**
  - castle closely connected to young and inexperienced Bavarian King Ludwig II and his wish to escape from harsh political realities (cf. ll. 9–14)
  - building works began in 1869 (cf. ll. 22/23)
  - castle became Ludwig's downfall: debts, had to borrow money from Bismarck (cf. ll. 34–44)
  - Ludwig never saw the castle finished, drowned in 1886 (cf. ll. 45–47); castle finished in simplified form in 1892 (cf. ll. 53/54)
  - first visitors six weeks after Ludwig's death, supposed to see the king's wastefulness, but they immediately loved the castle (cf. ll. 48–53)
  - during World War II: stolen art stored there, even its destruction was considered at the end of the war (cf. ll. 54–56)
- **today's role as a tourist attraction:**
  - 1.5 million tourists per year (cf. l. 2)
  - around 7,000 visitors per day, so far a total of roughly 69 million (cf. ll. 58–60)

Neuschwanstein – A fairy-tale castle turns 150 — heading

In lovely Allgäu in the very south of Germany, there are quite a few places worth visiting. I want to introduce you to an extraordinary sight which you definitely want to put on your to-do list. — introduction

Neuschwanstein Castle was commissioned by the young Bavarian King Ludwig II. Politically and economically inexperienced when ascending the throne at the age of 18, he sought refuge in a dream world and this castle was to be part of it. — building's history

Building works began in 1869 on a rock in rugged territory. Neuschwanstein was modelled on the medieval Wartburg castle near Eisenach (Thuringia). Its state rooms are lavishly decorated with precious stones and the walls are painted with scenes inspired by Wagner's operas. In contrast to its medieval exterior, the castle's interior was equipped with then state-of-the-art technology, i.e. running water and a hot air heating system. — castle's features

With building costs paid for out of the king's private funds going through the roof, he had to agree for Bavaria to join the German Empire in order to get loans from Bismarck. The "fairy-tale king" lived only a few months in Neuschwanstein and never saw it completed. Only six weeks after his mysterious death by presumably drowning in Lake Starnberg, the castle was opened to the public. — Ludwig's downfall

Entry fees were supposed to pay off the debts and the citizens were to be shown just how their king had wasted millions. Surprisingly though, the Bavarians loved the romantic castle and so do the millions of tourists that have visited the reclusive king's retreat so far. — Neuschwanstein's popularity

What a stroke of luck that it was not blown up by the Nazis as was briefly considered at the end of the war. Instead, it is still dreamily waiting for you to pay it a visit. — conclusion

Abiturprüfung 2022

Bayern ▪ Englisch

Um Ihnen die Prüfung 2022 schnellstmöglich zur Verfügung stellen zu können, bringen wir sie in digitaler Form heraus.

Sobald die Original-Prüfungsaufgaben 2022 freigegeben sind, können sie als PDF auf der Plattform **MyStark** heruntergeladen werden (Zugangscode vgl. Farbseiten vorne im Buch).

Prüfung 2022

www.stark-verlag.de/mystark